나를 지켜내는 연습

The Mountain Is You: Transforming Self-Sabotage Into Self-Mastery
by Brianna Wiest
Originally published by Thought Catalog Books,
a division of The Thought & Expression Company LLC, New York.

Korean Translation Copyright ⓒ 2023 by The Business Books and Co., Ltd.
This Korean edition was published by arrangement with The Thought & Expression
Company LLC, New York through KCC(Korea Copyright Center, Inc.), Seoul.

· 나를 단단하게 만드는 심리 처방전 ·

나를 지켜내는 연습

브리애나 위스트 지음 | 이상원 옮김

비즈니스북스

옮긴이 **이상원**

서울대학교 가정관리학과와 노어노문학과를 졸업하고 한국외국어대학교 통번역대학원에서 석사학위와 박사학위를 받았다. 현재 서울대학교 기초교육원에서 강의 교수로 일하며 글쓰기 등등 교양강좌들을 맡고 있다.

저서로 《엄마와 함께한 세 번의 여행》, 《매우 사적인 글쓰기 수업》, 《번역은 연애와 같아서》, 《서울대 인문학 글쓰기 강의》 등이 있다. 1998년에 번역을 시작해 《살아갈 날들을 위한 공부》, 《시간을 정복한 남자 류비셰프》, 《콘택트》, 《아버지와 아들》, 《레베카》, 《적을 만들지 않는 대화법》 등 90여 권의 책을 우리말로 옮겼다.

나를 지켜내는 연습

1판 1쇄 발행   2023년 3월 24일
1판 3쇄 발행   2023년 5월 25일

지은이 | 브리애나 위스트
옮긴이 | 이상원
발행인 | 홍영태
편집인 | 김미란
발행처 | (주)비즈니스북스
등 록 | 제2000-000225호(2000년 2월 28일)
주 소 | 03991 서울시 마포구 월드컵북로6길 3 이노베이스빌딩 7층
전 화 | (02)338-9449
팩 스 | (02)338-6543
대표메일 | bb@businessbooks.co.kr
홈페이지 | http://www.businessbooks.co.kr
블로그 | http://blog.naver.com/biz_books
페이스북 | thebizbooks
ISBN 979-11-6254-332-0   03190

비즈니스북스는 독자 여러분의 소중한 아이디어와 원고 투고를 기다리고 있습니다.
원고가 있으신 분은 ms1@businessbooks.co.kr로 간단한 개요와 취지, 연락처 등을 보내 주세요.

인생의 산 앞에서 머뭇거리고 있는 당신에게

자연이 변화하는 모습이 그렇듯 우리의 삶도 사실은 우리에게 좋은 방향으로 움직인다. 때때로 그런 변화가 고통스럽고 불편하게만 느껴지더라도 그렇다.

숲에 화재가 발생하면 나무가 다 타버리더라도 불의 열기로 씨앗이 발아한다. 그리하여 숲은 다시 새로운 나무들로 채워진다. 자연환경의 생태는 이런 변화와 순환을 거친다. 마찬가지로 우리의 마음도 주기적으로 붕괴하고 정화하는 과정을 거쳐야만 새로운 자아가 확립된다. 또한 자연은 서로 다른 기후대가 만나는 경계 지역에서 가장 풍요롭고 무성하다. 우리도 안전지대에서 벗어나 서로 다른 극단이 만나는 경계에 이를 때 가장 크고 아름다운 변화를 이룬다.[1]

기존에 대처해오던 방식으로는 더 이상 삶의 문제를 헤쳐나갈 수 없을 때 우리는 밑바닥까지 떨어졌다고 느낀다. 하지만 자세히 들여다보면 이는 아주 오래 묵혀왔던 문제가 마침내 해결될 시점이라는 뜻이다. 붕괴는 돌파의 직전 상태다. 마치 별이 폭발해야 초신성이라고 불리는 것처럼 말이다.

두 지층이 서로 부딪혀 산이 생겨나듯 서로 갈등하는 욕구들 사이에서 당신의 산도 솟아오른다. 그 산은 맞부딪혀 충돌한 두 개의 당신, 즉 의식적 당신과 무의식적 당신, 무엇을 원하는지 아는 당신과 무엇이 자신의 발목을 잡는지 모르는 당신이 이제는 서로 타협해야 할 시점임을 알려준다.

역사적으로 산은 영적 각성과 성장을 위한 여행을 비유하는 표현이었다. 또는 아래에서 올려다볼 때 도저히 극복할 수 없다고 여겨지는 도전을 비유하기도 했다. 자연의 많은 것들이 그렇지만 특히 산은 우리 안의 잠재력을 깨우는 데 놀라운 지혜를 선물한다.

인간 삶의 목표는 성장이다. 어떤 생명이든, 생명을 이루는 어떤 요소든 성장을 목표로 한다는 사실은 확실하다. 종種은 재생산을 하고 DNA는 일부 사슬을 끊어내고 새로운 사슬을 만드는 식으로 진화한다. 그렇게 우주의 가장자리는 계속해서 확장된다. 삶의 깊이와 아름다움을 느끼는 우리의 능력도 끝없이 확장될 수 있다. 우리가 문제를 기꺼이 받아들여 성장을 위한 촉매로 활용한다면 말이다. 숲에는 화재가 필요하고 별에는 폭발이 필요하듯이 인간에게는 변화할 수밖에 없도록 만드는 상황, 즉 눈앞의 거대한 산이 필요하다.

눈앞에 산이 나타났다고 해서 더 이상 어찌해볼 수 없이 망가졌다는 뜻은 아니다. 자연의 모든 것은 불완전하고 바로 그 불완전함 때문에 성장한다. 모든 것이 완벽하게 안정된 상태라면 별과 행성을 비롯해 우리가 아는 모든 세상을 만들어낸 중력은 존재하지 않았을 것이다. 깨지고 갈라지고 벌어지지 않으면 아무것도 자라지 못하고 아무것도 생겨나지 못한다.[2] 당신이 불완전하다는 건 실패했다는 표시가 아니다. 인간이라는 표시이자 당신의 내면에 더 커다란 잠재력이 존재한다는 표시다.

당신은 자신의 산이 무엇인지 아마 알고 있으리라. 당신의 산은 무언가에 관한 중독 문제거나, 체중에 관한 문제거나 연애나 직업, 동기부여, 돈에 관한 문제일 수도 있다. 어쩌면 자신의 산이 무엇인지조차 모를 수도 있다. 불안감, 낮은 자존감, 두려움, 전반적인 불만족 등 막연한 감정만이 느껴질 수도 있다. 사실 그 산은 외부의 문제라기보다는 우리 내면의 문제, 겉으로는 별로 보이지 않지만 우리 삶의 거의 모든 면에 영향을 미치는 문제일 가능성이 크다.

상황적인 문제에서 우리는 삶의 현실을 마주한다. 그리고 만성적인 문제에서 우리는 자기 자신의 현실과 마주한다. 이렇게 산을 마주하는 건 삶의 고난을 마주한다는 뜻이라 생각하기 쉽지만 사실 산은 언제나 있었다. 작은 트라우마, 적응, 대처 메커니즘 등이 오래 축적되어왔기 때문에 그렇다.

산은 당신의 현재와 당신이 바라는 삶 사이에 놓인 장애물이다. 그 산과 대면해야만 자유와 변화로 나아갈 수 있다. 당신은 어떤 계기로 자신의 상처를 들여다봤기 때문에 지금 여기에 있다. 그 상처는 당신이 나아갈 길을 보여줄 것이고 그 길은 당신의 운명을 보여줄 것이다.

이 전환점, 다시 말해 산의 입구, 불의 열기, 잠들지 못하는 밤과 마주한 당신은 사실 붕괴 직전 상태다. 하지만 기꺼이 대처할 의지가 있다면 이는 평생 기다려온 돌파구가 될 것이다. 당신의 낡은 자아는 당신이 원하는 삶을 더는 지탱할 수 없다. 다시 만들고 다시 태어나야 할 때다.

상처와 불안은
당신이 나아갈 길을
알려줄 것이다

낡은 자아는 혜안의 불꽃으로 태워버려야 한다. 아무리 지금까지의 당신이었다고 해도 앞으로 나아가지 못하게 발목을 잡는 미숙한 자아라면 사라지게 해야 한다. 비전을 새로이 하고 미래의 자아, 지금부터 당신을 인도할 당신 삶의 영웅이 되어야 한다. 당신의 비전은 고요하고 단순하며 거대하다. 대부분 사람이 시도조차 해보지 못한 열정으로 민첩성, 회복탄력성, 자기 이해를 배워야 한다. 완벽하게 변화해서 두 번 다시 예전으로 돌아가지 말아야 한다.

지금 당신 앞에 우뚝 서 있는 산은 당신의 삶, 당신이 여기 있는 이유, 당신이 앞으로 나아가야 할 길을 알려준다. 언젠가 당신은 이 산을 넘어 새로이 변화된 모습으로 길을 걸어갈 것이다. 결국 극복해야 할 것은 산이 아닌, 산 앞에 선 당신 자신이다.

차례

제1장

내 삶을 가로막는 건 '나'였다

제7장

삶의 주도권을 되찾는 연습

내 삶을 가로막는 건
'나'였다

당신의 발목을 가장 단단히 잡고 있는 것은 바로 당신이다. 지금 당신이 있는 곳과 당신이 있고 싶은 곳이 다르다면, 있고 싶은 곳으로 가려는 노력이 늘 망설임과 고통과 불만으로 끝난다면 자기 파괴가 이미 시작된 것이라고 할 수 있다.

언뜻 자기 파괴는 피학증처럼 보인다. 자기 증오, 낮은 자존감, 의지박약의 결과 같기도 하다. 하지만 실제로 자기 파괴는 그저 자기 파괴 행동으로 충족되어야 하는 무의식적 충동에 불과하다. 이를 극복하려면 깊은 심리적 탐색 과정을 거쳐야 한다. 내게 트라우마가 되었던 사건이 무엇인지 살펴보고 처리하지 못한 감정을 다뤄야 한다.

우리는 자신의 욕구를 더 건강하게 충족할 방법을 찾아야 한다. 자기 이미지를 다시 만들고 감정 지능과 회복탄력성을 높여야 한다. 물론 쉬운 일은 아니다. 하지만 우리 누구나 어느 시점엔가는 해야 하는 일이다.

때로는 나도 나를 잘 모른다

*

칼 융은 어렸을 때 학교 운동장에서 넘어져 머리를 땅에 부딪혔다. 다치는 순간 그는 이렇게 생각했다고 한다.

'좋아! 이세 학교에 가지 않아도 되겠구나.'[3]

훗날 뛰어난 연구 업적을 남긴 그였지만 어릴 적에는 학교에 가는 것을 좋아하지 않았고 친구들과도 잘 어울리지 못했다. 사고가 있었던 날부터 그는 종종 기절하기 시작했고 이후 그 자신이 '신경증'이라 이름 붙인 증세를 무의식적으로 보였다. 그리고 나중에는 모든 신경증이 '정당한 고통의 대체'임을 깨달았다.

어린 융에게는 기절하는 것과 학교에서 벗어나는 것이 무의식적으로 연결되었다. 기절은 불편하고 불행한 교실에서 벗어나고자 하는 무의식적 욕망의 표현이었다. 마찬가지로 사람들이 공포 또는 애착 행동을 보일 때는 달리 대처할 방법을 찾지 못한 더 깊은 문제가 있음을 보여주는 신호인 경우가 많다.

자기 파괴란 무엇일까?

*

자기 파괴는 우리가 가장 깊숙한 욕구를 의식적으로 거부할 때 나타난다. 거부하는 이유는 우리가 그 욕구를 처리할 수 없을 것이라는 생각 때문이다.

우리는 혼자가 되는 것을 두려워하면서도 자신을 찾고 싶은 마음에 연인 관계를 파괴하기도 한다. 사회적 기준에 맞지 않는다는 걸 알면서도 예술의 길을 가겠다며 직업적 성공을 포기하기도 한다. 자신의 감정이 어떤지 심리학적으로 해부하겠다고 다짐하면서도 당시 처절했던 감정을 대면하기 두려워서 치유 과정을 거부하기도 한다. 다시 세상으로 나아가 자신의 취약함을 무릅쓰고 위험을 감수하겠다고 하면서도 마음속에서 들려오는 속삭임을 무시하기도 한다.

자기 파괴는 제대로 알지도 못하는 욕구에 자신을 맡겨버리는 부적절한 대처 메커니즘이다. 다른 대처 메커니즘처럼 상황에 대처하는 방식 중 하나지만 대답도 아니며 문제를 없애주지도 못한다. 다만 잠시 욕구를 잠재워 안도감을 느끼게 해줄 뿐이다.

일어나지 않은 최악을 계속 상상하는 이유

*

우리의 자기 파괴 행동은 세상과 자신에 관한 오래되었지만 검증되지 않은 공포의 결과물이다. 그 공포는 자신이 멍청하고 매력 없고 인기 없다는 생각일 수도 있다. 또는 실직이나 엘리베이터 타기, 연인 관계일 수도 있다. 누군가 당신을 덮친다든지, 선을 넘어온다든지, 당신을 붙잡는다든지, 억울한 의심을 받는다든지 같은 조금 더 모호한 종류일 수도 있다.

이런 것들은 시간이 흐르면서 집착이 된다. 사실 이렇게 모호하고 추상적인 공포 안에는 진짜 공포가 숨어 있는 경우가 많다. 진짜 공포와 대면하기가 두려운 나머지 발생할 가능성이 낮은 사건이나 상황에 그 감정을 투사하는 것이다. 발생 가능성이 극히 낮은 상황이라면 걱정은 '안전한' 일이 된다. 그리고 잠재의식은 그 상황이 일어나지 않으리라는 것을 안다. 따라서 자신을 위험에 빠트릴 필요 없이 감정을 표현할 길이 열린다.

예를 들어 다른 사람이 운전하는 차에 타는 것을 두려워하는 사람이 있다고 하자. 그 사람의 진짜 공포는 통제감을 상실하는 것 혹은 타인이 자신의 삶을 통제하는 것일 수 있다. 아니면 '앞으로 이동하는 것'이 실제 공포의 대상이고 '다른 사람이 모는 차'는 그저 문제의 겉모습일지도 모른다.

진짜 문제를 알면 문제를 해결하기 위한 작업을 시작할 수 있다. 통제 불능이 되거나 지나치게 수동적인 상태가 되는 경우가 언제인지 구체적으로 찾아보면서 말이다. 반면 진짜 문제가 무엇인지 모른다면 여전히 다른 사람의 차에 탔을 때 너무 불안해지지 않도록 마음을 다스리고 애쓰면서 시간을 보낼 것이다. 그리고 그것은 점점 더 힘들어질 것이다.

겉으로 드러난 문제만 고치려 하면 언제나 벽에 부딪히고 만다. 상처 치료의 전략을 세우기도 전에 무작정 일회용 밴드를 떼어버리는 격이기 때문이다.

확증 편향에 사로잡힐 때

＊

자기 파괴는 내면의 자기 이야기가 낡고 한계에 부딪혔으며 나아가 틀렸다는 신호이기도 하다. 당신의 삶은 당신이 삶에 대해 하는 생각뿐 아니라 당신이 자신에 대해 하는 생각에 따라 정의된다. 자아 개념은 평생에 걸쳐 만들어가는 것이다. 부모님의 믿음, 친구들의 생각, 개인적인 경험을 통한 확신 등 당신에게 들어온 모든 정보와 영향이 모여 자아 개념을 이룬다. 이렇게 만들어진 자아 이미지는 조정하기가 어렵다. 두뇌의 확신 편향이 기존의 믿음을 강화하는 방향으로 움직이기 때문이다.

자기 파괴는 우리가 원하는 목표를 달성하는 것 그리고 그 목표를 이룬 사람이 되는 것이 일치하지 않을 때 일어난다. 예를 들어 경제적인 안정을 원하면서도 제대로 노력하지 않는다면 어릴 적부터 돈에 대한 개념이 어떻게 형성되어 왔는지부터 따져봐야 한다. 부모님은 어떻게 돈 관리를 했는가? 부모님은 당신에게 돈을 가진 사람과 갖지 못한 사람에 대해 어떤 말을 했는가? 경제적 어려움을 겪는 이들 중에는 돈의 가치를 부정하면서 자신을 정당화하는 경우가 많다. 부자는 모두 나쁘다는 식이다. 돈을 가진 사람을 이렇게 바라보는 사람들과 오랫동안 살아왔다면 당신 역시 부자가 되기를 거부하지 않을까?

자기 파괴를 일으키는 사안에 대한 불안감은 대개 이처럼 제한된 믿음을 반영한다. 건강함을 취약함과 연결하는 사람도 있다. 어느 날 건강하던 부모님이 갑자기 쓰러져 환자가 된 경험이 있다면 그렇다. 최고의 걸작을 쓸 수 있는데도 칭찬과 인정을 받고 싶다는 생각만 할 뿐 막상 작업은 하기 싫어할 수도 있다. 인스턴트 음식이 위로를 준다는 이유로 끊지 못하면서도 정작 무엇을 위로받고 싶은 것인지 모르는 사람도 있다. 비관론자가 아니면서도 주변 사람들과 어떻게 관계를 맺어야 할지 몰라 계속 불평만 늘어놓기도 한다.

이런 문제를 해결하려면 기존의 생각을 뒤엎고 새로운 생각을 받아들여야 한다. 돈 있는 사람 모두가 나쁜 사람은 아니라는 사실을 깨달아야 한다. 이기적으로 돈을 쓰는 사람들도 있지만 큰 목표 의식을 갖고 자신과 사람들에게 더 많은 시간과 기회, 행복을 가져다주는 도구로 돈을 쓰는 이들도 많다는 점을 알아야 한다. 건강함이 취약함을 키우기보다는 줄여준다는 것, 창작에는 늘 평가가 따른다는 것도 인정해야 한다. 건강에 나쁜 음식 외에도 자신을 위로할 방법은 많다는 것, 부정적 태도를 버리고 남들과 관계 맺을 길이 있다는 것을 스스로 확인해야 한다.

기존의 자기 생각을 관찰하고 의문을 제기하기 시작하면 그 생각들이 얼마나 비틀리고 비논리적인지 보일 것이다. 그동안 당신의 잠재력을 억눌렀다는 것은 물론이고 말이다.

행복해도 불편한 이유는 무엇일까

*

인간은 낯선 것, 잘 알지 못하는 것에 반사적으로 거부감을 느
낀다. 통제감을 잃어버리기 때문이다. 미지의 것이 좋은 것이며
심지어 유리한 것이라고 해도 마찬가지다.

자기 파괴 역시 잘 몰라서 생긴 단순한 결과인 경우가 많다. 낯
선 것은 아무리 좋다고 해도 익숙해지기 전까지는 불편하다. 이런
불편함은 종종 '틀림', '나쁨', '불길함'과 혼동되곤 한다. 하지만 이
런 느낌은 결국 심리적 적응의 문제일 뿐이다.

세계적인 심리학자이자 동기부여 전문가인 게이 헨드릭스 Gay
Hendricks 는 행복감에 '상한선'upper limit 이 있다고 본다.[4] 기분 좋게
느끼는 한도가 누구에게나 정해져 있다는 뜻이다. 다른 심리학자
들은 이를 '기본값'baseline 이라고도 부른다. 특정 사건이나 상황이
일시적으로 변화해도 이전 상태로 다시 돌아가려는 성향이다.

작은 변화들이 오래 이어지면 기본값이 영구히 바뀔 수도 있
다. 하지만 상한선이 있기에 자주 이렇게 되지는 않는다. 변화가
기본값이 되지 않는 이유는 우리가 익숙한 행복에서 벗어나는
상황이 발생하면 편안함을 느끼는 이전의 상태로 되돌아갈 방법
을 의식적, 무의식적으로 찾기 때문이다.

우리는 알고 있는 것을 찾게끔 프로그램된 존재다. 행복을 추구한다고 생각하면서 실상은 가장 익숙한 것을 찾곤 한다.

나를 대하는 태도를 바꾸면 인생이 달라진다

*

당신이 삶에 대해 믿는 것은 당신의 삶에 그대로 실현된다. 낡은 이야기를 찾아내 바꾸려는 용기가 그토록 중요한 이유가 바로 여기 있다.

당신은 어쩌면 괜찮은 회사에서 연봉 5만 달러를 받는 것이 성공이라고 생각하며 인생 대부분을 살아왔을지도 모른다. 당신은 어쩌면 "나는 불안감이 많은 사람이야."라는 혼잣말로 여러 해를 보내며 자신을 불안하고 두려움 많은 사람으로 만들어왔을지도 모른다.

또 당신은 모두가 똑같은 의견만 내는 완고한 사회에서 성장했을지도 모른다. 그래서 정치나 종교에 대해 새로운 결론을 내릴 수 있다는 사실을 아예 몰랐을 수도 있다. 당신은 자신이 안목이 높은 사람이거나 현재 자신에게 만족하는 사람, 세상을 여행하는 사람이라는 걸 아예 생각조차 못 했을지도 모른다.

제한된 믿음은 자신의 안전을 지키고 싶은 마음에서 나오기도 한다. 당신은 모르는 취약함보다 아는 편안함을 선호할 수 있다. 당신은 설렘보다 무관심을 택할 수도 있다. 또한 당신은 고통이 더 가치 있다고 믿으며 세상의 모든 좋은 것에는 나쁜 것이 따른다고 주장할 수도 있다.

진정으로 치유되려면 생각하는 방식을 바꿔야 한다. 부정적이고 잘못된 믿음을 인식하고 정말로 자신에게 도움이 되는 태도를 받아들여야 한다.

지나친 '자기애'에서 벗어나라

*

자기 파괴에 대한 이 이야기들이 당신을 살짝, 어쩌면 많이 뒤흔들지도 모르겠다.

그래도 괜찮다. 정말로 삶을 바꾸고 싶어서 이 글을 읽고 있다면 개인적인 상황에 대한 부정적 생각을 멈춰야 한다. 진짜 자신을 찾아야 한다. 자신을 사랑하고 당신이 마땅히 누려야 할 수준 이하에 주저앉는 일을 중단해야 한다.

더 나은 삶을 살 수 있다고 생각한다면 옳은 생각일 것이다.

지금 잘하고 있는 것 이상으로 성공할 수 있다고 생각한다면 옳은 생각일 것이다.

당신이라는 고유한 존재로서 살고 있지 않다고 생각한다면 옳은 생각일 것이다.

당신이 인생 여정의 어디쯤 있는지에 대한 느낌을 자꾸만 억누르는 것은 도움이 되지 않는다. 그러다가는 분열이 일어나고 막다른 골목에 다다른다.

우리는 자신을 사랑한답시고 자아의 모든 모습을 인정하려고 한다. 하지만 이런 따뜻한 태도는 일시적으로 불만을 잠재울 뿐이다. 왜 그럴까? 마음속 깊숙한 곳에서는 자신의 현재 모습이 원하는 바로 그 모습이 아니라는 점을 알기 때문이다. 이를 받아들이기 전까지 평화는 없다.

우리는 현재 자신이 왜 이 모습인지 설명해줄 누군가나 무언가를 찾아 거센 비판의 칼날을 들이댄다. 그리고 스스로를 정당화한다. 매일같이 자신의 삶이 왜 불행한지 정당화하는 행동은 자신에게 아무런 도움이 되지 않는다. 진정으로 원하는 변화에 조금도 가까이 갈 수 없다.

치유의 첫 단계는 온전한 책임 지기다. 자기 자신과 삶의 솔직한 진실에 대해 더 이상 부정하지 않는 것이다. 자신의 삶이 남들의 눈에 어떻게 보이는지는 중요하지 않다. 내면에서 어떻게 느끼는지가 중요하다. 스트레스에 시달리고 공황 상태에서 불행을 느끼도록 내버려두어서는 안 된다. 무언가 잘못된 것이다. 사태를 직시하지 않고 '자기애'에 빠져 있는 시간이 길수록 고통받는 시간도 늘어날 것이다.

최고의 자기애는 불행한 삶을 더 이상 참지 않는 것이다. 그리고 문제를 직시하는 것이다.

삶을 진정으로 변화시키려면 바로 이런 태도가 필요하다. 진짜 변화를 향한 첫 단계다.

종이와 펜을 꺼내 지금 당신이 행복하지 않은 이유들을 적어보자. 구체적으로 문제 하나하나를 다 쓴다. 돈 문제라면 무엇이 얼마나 문제인지 소상히 밝혀 써야 한다. 부채가 얼마나 있고 어떤 청구서가 날아오고 있는지, 자산과 수입은 얼마인지 다 기록하라. 자신의 이미지가 문제라면 마음에 들지 않는 자기 모습을 정확히 묘사해보자. 불안감이라면 무엇이 당신을 불편하거나 화나게 만드는지 자세히 적어보라.

부정적인 태도에서 벗어나 문제가 무엇인지 분명히 알아야 한다. 그런 다음에야 현재 상태에서 평화를 찾을 것인지, 아니면 단호하게 일어나 변화할 것인지 선택할 수 있다. 미적거리면 계속 부정적인 생각에 발목을 잡힌다.

더 이상은 이렇게 살지 않겠다!

*

삶에 변화가 필요하다는 걸 알았다면 지금 당신이 서 있는 자리가 목표에서 아무리 멀어도, 어떻게 목표에 도달할지 도무지 알 수 없어도 괜찮다.

시작점에서 출발하는 것이어도 괜찮다.

밑바닥에 주저앉아 올라갈 길이 보이지 않아도 괜찮다.

여러 차례 시도했지만 산을 넘지 못하고 계속 한자리에 머무르고 있다고 해도 괜찮다.

치유의 길이 시작되는 곳은 바로 그 밑바닥이다. 갑자기 밝고 환한 빛이 나타나는 것도, 최악의 시간이 찬란하게 변하는 마법이 일어나는 것도, 미칠 듯한 자신을 누군가 구해내는 것도 아니다. 밑바닥이 전환점이 되는 이유는 '두 번 다시 이런 느낌을 받고 싶지 않아'라는 생각 때문이다. 이 생각은 단순한 충동이 아니다. 선언이자 결단이다. 그야말로 인생을 바꾸는 경험으로서, 이 생각을 한 뒤에야 비로소 모든 것을 변화시킬 수 있다.

어떤 느낌을 두 번 다시 받고 싶지 않다고 결정할 때 자기 인식과 학습과 성장의 길이 열린다. 현재의 모습을 완전히 뒤바꿀 계기 말이다. 그 순간 잘못은 상관이 없게 된다. 누가 어떤 짓을 했는지, 자신이 어떻게 잘못했는지 더 이상 따지지 않는다. 그 순간 우리를 이끄는 건 단 하나, 자신의 인생을 두 번 다시 이런 지경으로 만들지 않겠다는 단호함이다.

밑바닥은 불운이 아니다. 우연히 맞닥뜨리는 것도 아니다. 습관들이 쌓이고 쌓였을 때, 대처 메커니즘이 통제력을 잃었을 때, 그리하여 더는 감정을 감추지 못하게 되었을 때 나타나는 것이다. 막다른 골목에서 비로소 자신과 마주할 때, 모든 것이 엉망일 때, 그 모든 것의 공통분모를 깨달을 수밖에 없을 때 드러나는 것이 밑바닥이다.

그러면 치유해야 한다. 변화해야 한다. 두 번 다시 그런 느낌을 받지 않도록 획 돌아서야 한다.

우리는 기운이 없는 날에 '두 번 다시 이런 느낌을 받고 싶지 않아'라고 생각하지는 않는다. 힘겹기는 해도 못 견딜 지경은 아니어서 그렇다. 작은 실패는 삶에 늘 있기 마련이라는 걸 이미 깨달은 덕분이다. 불완전한 우리는 그저 최선을 다할 뿐이며 모호한 불만족은 결국 지나가는 법이다.

한두 가지가 잘못되었다고 한계점에 도달하지는 않는다. 세상이 문제가 아니라는 걸 마침내 받아들일 때 한계점이 온다. 이는 아름다운 깨달음이다. 테드 강연자이자 저술가인 아요데지 아보시카Ayodeji Awosika는 이렇게 표현했다. "순수하게, 순수하게, 가장 순수하게 신물이 나야 한다. 고통을 당하라. 그리고 소리치는 것이다. '빌어먹을! 더 이상 이렇게는 살지 않겠어!'"

인간은 편안함에 이끌린다. 익숙하게 느껴지는 것을 가까이하고 낯선 것은 거부한다. 낯선 것이 객관적으로 아무리 좋다 해도 그렇다.

대부분의 사람은 변하지 않는 것이 덜 편안하게 느껴지는 시점까지 변하지 않고 버틴다. 다른 선택이 불가능해질 때까지 습관을 바꾸지 않는다는 뜻이다. 기존과 같이 지내는 것이 도저히 불가능할 때, 이대로 머무르고 싶다고 말할 수 없을 때까지. 밑바닥보다도 못한, 짓누르는 돌덩이에서 벗어나려고 힘겹게 발버둥질하는 상황에 놓일 때까지.

정말로 삶을 바꾸고 싶다면 스스로 분노를 폭발시켜야 한다. 다른 사람이나 세상에 대한 분노가 아닌 자기 안의 분노 말이다. 분노하고 결심해서 터널 끝의 한 곳을, 그 한 곳만을 바라보라. 현재 모습으로는 가닿을 수 없는 그곳 말이다.

과거의 나와 이별하기

＊

사람들이 중요한 내면 작업을 회피하는 가장 큰 이유는 그 과정이 끝나면 삶이 바뀔 거라는, 그것도 아주 급격히 바뀔 거라는 생각 때문이다. 또한 자신이 얼마나 불행한 사람인지 알고 나면 비록 일시적이지만 더 불편하고 부끄러운 감정을 느끼리라는 것, 그 모든 과정을 거치고 다시 처음부터 시작하기가 두렵다는 것도 장애물로 작용한다.

일단 분명히 해두자. 자기 파괴 행동을 끝내는 것은 변화가 임박했음을 알려주는 신호다. 새로운 삶은 과거의 삶을 대가로 요구한다. 이전의 안전지대와 방향감각을 버려야 한다는 뜻이다. 연인과 친구도 포기해야 한다. 사람들의 호감과 이해도 포기해야 한다. 사실 그런 건 하나도 중요하지 않다.

터널 끝을 응시하라,
당신이 변해야만 그곳을 통과할 수 있다

만날 인연인 사람들이라면 달라진 당신과도 언젠가는 만날 것이다. 당신을 지지하고 응원하는 사람들로 새로운 안전지대가 만들어질 것이다. 당신은 호감 대신 사랑을 받을 것이다. 이해 대신 주목을 받을 것이다.

잃어버리는 것이라고는 자기 자신이 아닌 다른 사람을 위해 만들어두었던 것뿐이다. 옛 삶을 붙잡고 버티는 건 자기 파괴 행동의 최고봉이다. 과거를 놓아 보내는 것은 진짜 변화를 준비하기 위해 반드시 해야 하는 일이다.

the mountain is you

제2장

진짜 나를
찾기 위한 연습

삶을 앞으로 나아가게 만드는 행동을 습관으로 만들면 그것이 바로 삶을 바꾸는 성공의 기술이 된다. 사실 삶을 나아가게 하는 습관과 삶의 발목을 잡는 자기 파괴 습관은 원리가 똑같다.

때로 습관은 우연히 발생하는 것 같다. 우리는 특정 방식으로 사는 데 익숙해져서 다른 삶이 가능하다는 생각 자체를 하지 못한다. 우리는 더 나은 대안을 어떻게 찾을지 모르거나 혹은 다른 대안이 아예 불가능하다고 여기는 탓에 기존 방식을 선택한다. 더 많은 것을 기대할 수 있다는 점을 알지 못해 현재에 안주한다. 너무 오랫동안 생각 없이 자동화된 삶을 이어온 나머지 선택 가능성 자체를 부정한다.

하지만 대부분은 우연이 아니다. 멈추지 못하는 습관과 행동은 아무리 파괴적이고 억압적이라고 해도 결국 자신의 잠재의식이 만들어낸 결과다. 충족되지 못한 욕망, 방치된 감정, 무시당한 요구를 해결하기 위해서 말이다.

자기 파괴 행동을 멈추려고 충동을 어떻게 극복할지 그 방법부터 찾아서는 안 된다. 애초에 그 충동이 왜 생겨났는지 파악하는 것이 먼저다.

흔히 우리는 자기 파괴 행동이 자신을 벌하기 위해, 조롱하기 위해, 의도적으로 상처 주기 위해 생겨난 것이라고 오해한다. 겉으로 보기에는 그렇다.

우리는 건강하게 먹기로 결심한 불과 몇 시간 후 패스트푸드 가게로 달려 가거나, 멋진 사업 아이디어를 구상하고도 다른 데 정신이 팔려 잊어버리거나, 이상한 공포에 사로잡혀 인생에서 중요한 변화를 시도하지 못하거나, 삶에서 감사하고 기뻐할 일이 많다는 걸 알면서도 계속 두려워한다. 우리는 이런 행동을 하는 이유로 지적 능력이나 의지력이 결핍되었기 때문이라고 생각한다. 하지만 대개는 그렇지 않다. 자기 파괴는 우리가 우리 자신을 상처 주는 행동이 아니다. 오히려 자신을 보호하는 행동이다.

자기 파괴 행동을 반복하는 이유

*

자기 파괴는 서로 대립하는 두 가지 욕망에서 일어난다. 하나는 의식적이고 다른 하나는 무의식적인 욕망이다. 당신은 어떻게 더 잘 살 수 있을지 알면서도 무의식적으로 여러 이유를 대면서 여전히 그 자리에 머무른다.

거대하고 오래 지속되고 있으며 넘어서지 못하는 일이 삶에 존재한다면, 특히 그 해결책이 너무도 쉽고 간단해 보이는데도 도저히 해낼 수 없을 것 같다면 이는 거대한 문제가 아닌 거대한 집착일 뿐이다.

사람들은 자신이 원하는 것을 무엇이든 얻을 수 있고 실현할 수 있다는 사실을 믿지 못한다. 인간 삶의 모든 면에서 이는 사실이다. 앞으로의 결과가 어떻게 되든 인간의 본성은 믿기 어려울 만큼 자신에게 충실하다. 인간은 해야만 한다고 느끼는 일에서는 초인적 능력을 발휘한다. 누군가에게 상처를 준다고 해도, 전쟁이 일어나거나 미래가 위험에 빠진다고 해도 아랑곳하지 않는다. 만일 당신이 삶에서 무언가를 계속 유지하고 있다면 그렇게 하고 싶은 이유가 있다는 뜻이다. 그 이유가 무엇인지 이제 질문을 던져야 한다.

부자가 되겠다는 목표를 이루기 위해 새로 사업을 시작하려고 하지만 도대체 동기부여가 되지 않는 사람이라면 어쩌면 속으로는 부자가 이기적이고 나쁘다는 믿음을 품고 있는 것일지 모른다. 혹은 부자가 되고 싶지 않은 것일 수도 있다. 보살핌을 받으며 안전하다고 느끼고 싶은 욕망, 예술성을 인정받고 싶다는 욕망이 도저히 실현되지 않을 것 같아서 부자라는 부차적 꿈으로 물러섰기 때문에 동기부여가 안 되는 것일지도 모른다.

반드시 성공하겠다고 말하면서도 제대로 일하지 않는 사람이라면 '성공'이 행복이나 사랑과 연결되지 않는다는 생각 때문일수 있다. 사실 정반대 방향의 연결이 더 많이 나타나지 않는가. 성공은 질투나 의혹을 낳기 마련이다. 성공한 사람은 우리가 상상하는 만큼 사랑받지 못한다. 어떻게든 성공을 깎아내리려는 사람들의 시기와 질투 대상이 된다. 많은 사람이 정말로 원하는 것은 성공이 아니라 사랑일지 모른다. 성공을 향한 야망은 사랑받으려는 소망을 위협할 뿐이다.

거부, 학대, 부정적인 행동 유형을 보이는 상대와 '잘못된 관계'를 지속하면서 그 이유를 도대체 알지 못하는 사람도 있다. 이런 사람은 사랑을 상실 혹은 방치와 연결하는 탓에 어린 시절에 경험한 관계를 자꾸만 반복하는 것일지 모른다. 중독자, 거짓말쟁이, 구제 불능으로 망가진 사람을 돕는 어른이 되고 싶다는 생각에 무력감을 안겨주었던 가족 관계를 다시 반복하는 사람도 있다.

자기 파괴 행동과 관련해 인간은 문제를 극복하기보다 머무르는 걸 훨씬 편하게 여긴다는 점을 제대로 이해해야 한다.

성공은 비호감을 가져올 수 있다.

사랑을 이루면 취약해질 수 있다.

매력이 떨어지면 자신을 보호할 수 있다.

소박하게 행동하면 질시와 의혹을 피할 수 있다.

미루면 안전지대로 되돌아갈 수 있다.

자기 파괴는 결국 자신이 가지고 있는 줄도 모르는 어떤 욕구를 채우는 과정이다. 이런 자기 파괴를 극복하는 방법은 자신을 더 잘 이해하는 법을 배우고 나아가 당신의 문제는 문제가 아닌 증상임을 깨닫는 것이다. 대처 메커니즘을 제대로 작동시키지 않고서 문제를 해결했다고 생각해서는 안 된다.

✦
우리는 문제를 극복하기보다
머무르는 걸 훨씬 편하게 여긴다

내 삶에 문제가 있다는 몇 가지 신호들

*

어떤 모습이 자기 파괴이고 어떤 모습이 자기 파괴가 아닌지 잘라 말하기는 불가능하다. 어떤 사람에게는 건전한 습관과 행동이 다른 사람에게는 불건전할 수 있기 때문이다.

그러나 자기 파괴를 전형적으로 드러내는 특정 행동과 유형은 존재한다. 즉 자신의 삶에 문제가 있다는 걸 알면서도 계속 유지하려는 욕구를 느끼는 상태다. 자기 파괴의 악순환에서 나타나는 몇 가지 주된 신호는 이렇다.

신호 1. 자꾸 머뭇거리고 회피하려 한다

*

새로운 일을 해야 하지만 할 수 없는 상태일 때 저항이 나타난다. 멋진 사랑이 새로 시작되려고 하는데 계속 머뭇거리거나, 대단한 사업 아이디어가 떠올랐지만 긴장되거나 화가 나서 일을 시작하지 못하는 경우다.

삶에서 뭔가 잘못될 때뿐 아니라 잘될 때도 이런 저항이 나타난다. 해결할 문제가 있을 때는 사실 저항할 여지가 없다. 그러나 무언가를 즐기고 창조하고 만들어가는 때라면 단순한 생존을 넘어서 발전하고 싶은 우리의 내면이 자극을 받고, 이 낯선 자극이 부담으로 다가올 수 있다.

어떻게 해결할까

저항은 속도를 늦춰 지금의 이 낯설고 새로운 무언가가 과연 안전할지 확인하는 과정이다. 또는 뭔가 제대로 돌아가고 있지 않다는 위험 신호로서 한걸음 물러나 다시 살펴볼 여지를 주기도 한다.

저항은 미루는 것도, 무관심한 것도 아니므로 그렇게 여겨선 안 된다. 저항을 경험할 때는 늘 이유가 있으니 잘 살펴봐야 한다. 저항의 신호를 무시하고 밀어붙이려 하면 저항감이 점점 더 심해진다. 내적 갈등이 커지면서 우리의 발목을 잡는 두려움이 나타나기 때문이다.

저항을 줄이려면 초점을 다시 맞춰야 한다. 무엇을 원하는지, 왜 원하는지, 언제 원하는지 분명히 정의해야 한다. 그리고 행동하지 못하도록 발목을 잡는 무의식적 믿음이 무엇인지 밝히고 영감이 떠올랐을 때 일을 시작해야 한다. 뭔가를 간절히 원하는 마음은 저항이 발생해도 행동하도록 만드는 힘이 된다.

신호 2. 행복한 순간에 뒷걸음친다

*

우리 대부분은 자신에게 일정 정도의 행복까지만 허락한다. 게이 헨드릭스가 말한 '상한선' 말이다. 당신의 상한선은 당신이 삶에서 편안하게 느끼는 '좋음'의 정도다. 긍정적인 감정을 느끼고 긍정적인 사건을 경험하면서 견딜 수 있는 수준이다.

그러나 상한선을 넘어서면 무의식적 자기 파괴가 시작된다. 익숙하고 편안한 상태로 되돌아가려는 것이다. 통증, 두통, 긴장 등 신체적 증상을 보이기도 하며 저항감, 분노, 죄의식, 두려움 등의 감정이 표출되기도 한다.

수긍하기 어려울지 모르지만 우리는 행복을 목표로 하는 존재가 아니다. 우리의 목표는 편안함이다. 편안함을 벗어난 것이라면 익숙해지기 전까지는 위협과 두려움의 대상이다.

어떻게 해결할까

행복의 상한선에 도달했다는 건 아주 반가운 신호다. 삶이 새로운 차원으로 넘어가고 있다는 뜻으로 기쁘게 축하해야 할 일이다. 상한선 문제를 해결하는 방법은 이 낯선 상태에 서서히 적응해가는 것이다. 당장의 큰 변화로 자신에게 충격을 가하기보다는 서서히 적응하자. 속도를 늦춤으로써 당신이 원하는 삶 주변으로 새로운 안전지대를 만들어나갈 수 있다. 시간이 흐르면서 서서히 상한선이 위로 올라갈 것이다.

신호 3. 상습적으로 도망치려 한다

*

상습적으로 도망치는 경우는 문제가 발생한 상황 자체를 제거하는 것이다. 연애 관계에서 갈등을 풀어가거나 해결하려 하지 않고 상대를 획 바꿔버리는 경우가 그렇다. 일에서는 기존 고객을 관리하기보다는 웹사이트를 바꿔 신규 고객을 유치하는 경우를 들 수 있다. 이런 행동을 '뿌리 뽑기'라고 한다. 이 뿌리 뽑기를 반복하면 결코 성장할 수 없다. 그저 싹이 나는 것에만 만족해야 한다.

늘 '새로운 시작'을 해야 한다고 느낀다면 스트레스나 갈등 상황을 건강하게 처리하는 방법을 모르는 것이다. 뿌리 뽑기는 삶의 실제 문제에서 관심을 거두는 방법이기도 하다. 옮겨 간 새로운 일자리나 새로운 동네에 신경을 써야 하기 때문이다. 늘 새로운 시작만 할 뿐 끝내지 못하게 만든다. 계속 나아가려고 노력한다 해도 점점 큰 벽에 부딪히고 만다.

어떻게 해결할까

일단 자신의 행동 유형이 어떤지 파악해야 한다. 뿌리 뽑기의 가장 중요한 증상은 자신이 하는 행동을 인식하지 못하는 것이다. 따라서 지금 일어나는 일을 알아차리는 것이 가장 먼저 해야 할 일이다. 지난 몇 년을 돌이켜 보자. 이사나 이직을 얼마나 많이 했는가? 떠나게 만든 이유가 무엇이었는지도 생각해보자.

다음으로는 자신이 정말로 원하는 것이 무엇인지 분명히 해야 한다. 때로 뿌리 뽑기는 원한다고 생각되는 것을 향해 너무 서둘러 갈 때 일어난다. 충분히 생각하지 않은 탓에 뒤늦게 자신의 선택이 잘못되었음을 발견하는 것이다. 이제부터는 장기적으로 생각하면서 원하는 것을 분명히 정해두자. 거주지를 먼저 선택하고 거기서 관계를 쌓아가는 것은 어떨까? 같은 곳에서 일하면서 승진하거나 나만의 비즈니스를 만들어보는 것은 어떨까?

상습적으로 도망치는 자기 파괴 행동을 극복하는 것이 원치 않는 무언가에 정착하거나 불안정한 상황을 유지하라는 의미가 아님을 기억하라. 당신에게 옳은 길이 무엇인지 분명히 파악하고 생존을 넘어서 성장할 계획을 수립하라는 것이다. 늘 도망쳤던 그런 순간이 다시 온다면 불편함과 정면으로 마주하며 자리를 지켜라. 한 가지에 애착을 두기가 왜 불편한지 파악하고 건강한 애착이 어떤 것일지 찾아보라.

신호 4. 완벽함에 집착한다

＊

뭔가를 처음 시도하면서 완벽하기를 기대한다면 결국 완벽주의의 덫에 빠지고 만다. 완벽주의는 실제로 모든 일이 잘 되기를 바라는 것이 아니다. 자신의 능력이나 삶의 결과물에 대해 비현실적인 기대를 품음으로써 앞으로 나아가지 못하는 것이다.

완벽주의는 당신이 앞에 나서거나 시도하지 못하게, 인생에서 중요한 일을 하지 못하게 발목을 잡는다. 실패가 두려워서, 자신이 약하다는 느낌이 싫어서, 원하는 만큼 훌륭하게 보이지 않을까 봐 결국 필요한 일을 하지 않는다. 훌륭하게 보이려면 해야 하는 일을 말이다. 나서서 기꺼이 하려는 의지와 행동이 반복되어야 달인의 경지에 이를 수 있음을 기억해야 한다.

어떻게 해결할까

잘할 수 있을지 걱정하지 말고 그냥 하라. 베스트셀러를 쓴다는 생각을 하지 말고 그냥 써라. 그래미 수상을 상상하지 말고 그냥 작곡하라. 실패를 걱정하지 말고 나서서 시도하라. 자신이 정말로 하고 싶은 일을 한다는 것이 중요하다. 실수를 통해 배우다 보면 결국 바라던 목표에 도달할 것이다.

자신이 해낼 일이 정말 감동적인 결과를 낳고 세상을 바꿔놓을까 고민하는 동안에는 위대한 성과가 나오지 않는다는 게 진실이다. 그저 자신에게 의미 있고 중요한 창조 작업을 실제로 할 때 그런 성과가 나온다.

완벽함 대신 나아감에 집중하라. 완벽하게 해내려는 대신 끝내는 데 집중하라. 끝내고 나서 수정하고 개선해서 원하는 결과에 접근하면 된다. 시작하지 않는다면 끝낼 수도 없다.

신호 5. 감정의 파도에 빠져 허우적거린다

＊

우리는 살면서 우리를 화나고 짜증 나고 슬프게 만드는 사람이나 상황, 환경을 종종 마주한다. 또한 영감과 희망을 안겨주고 삶에 목적과 의미를 부여하는 사람이나 상황, 환경도 만난다. 이렇게 양면이 존재하는 세상에서 감정의 절반만 처리한다면 성장하기 어렵다. 불편함이나 불만족스러운 감정을 처리할 도구가 없다면 그런 감정이 생기는 상황을 회피하기만 할 것이다. 궁극적으로 삶을 더 좋게 만들어줄 모든 행동과 도전을 거부하게 된다.

감정 처리에 미숙하다는 것은 감정에 쉽게 휘둘린다는 뜻이기도 하다. 분노와 슬픔에서 벗어날 방법을 몰라 계속 허우적거린다. 감정의 절반만 처리할 수 있다면 원하는 삶의 절반만 사는 것과 같다.

어떻게 해결할까

사람마다 감정을 처리하는 과정은 다르다. 하지만 대개는 다음 단계들을 거친다.

- 1단계. 상황을 분명히 파악한다.
- 2단계. 자기감정을 인정한다.
- 3단계. 개선 방향을 결정한다.

우선 어째서 화가 나는지, 왜 신경이 거슬리는지 이해해야 한다. 왜 그런지 파악하지 못한다면 자신을 정말로 상처 입히는 게 무엇인지 모른 채 사소한 일에 매달려 시간을 보내게 된다.

다음으로 자신의 감정을 인정해야 한다. 그런 상황에서라면 누구든 똑같은 감정을 느낄 것이며 따라서 당신의 감정에 아무 문제도 없다는 걸 인식하는 것이다. 그런 다음에 울기, 몸 떨기, 감정 기록하기, 친한 친구에게 털어놓기 등 이완 행동을 할 수 있다.

무엇이 잘못되었는지 분명히 파악하고 감정을 완전히 표현했다면 어떻게 행동이나 사고 과정을 바꿔서 나중에 원하는 결과를 얻어낼지 결정할 수 있다.

신호 6. 내 삶에 자꾸 변명하려 한다

삶은 결국 의도가 아닌 성과로 측정된다. 원했던 일, 시간이 부족해서 하지 못한 일은 고려되지 않는다. 왜 못했는지 이유도 묻지 않으며 했는지 안 했는지만 중요하다.

자기 파괴에 빠진 사람은 온갖 핑계를 대며 결과를 내지 못한 상황을 정당화한다. 그럴 수밖에 없었다고 합리화하며 일시적으로나마 만족감을 얻는 것이다. 그리고 다시 목표를 세우고 계획

을 구상한다. 그러나 목표와 꿈, 계획은 측정할 수 있는 결과가
아니다. 하지 않은 이유가 무엇이든 당신은 그 이유를 궁극적 야
망보다 우선시한다는, 언제나 그럴 것이라는 얘기를 하고 있는
것이다. 혹은 성장을 위해 꼭 필요한 불편함이라는 감정에서 벗
어나기 위해 평계를 대는 것이기도 하다.

어떻게 해결할까

매일 최소한 한 가지 생산적인 일을 하고 그 결과를 측정하라.
운동하러 가고 싶었던 날이 언제인지는 중요하지 않다. 실제로
운동하러 간 날이 언제인지가 중요하다. 친구를 만나러 나가고
싶었다는 건 중요하지 않다. 나갔는지 안 나갔는지가 중요하다.
업무를 변화시킬 멋진 아이디어가 있다는 건 중요하지 않다. 실
제로 변화시켰는지 아니었는지가 중요하다.

평계를 받아들이지 마라. 정당화와 타협하지 마라. 건강하고
긍정적인 일을 얼마나 많이 성취했는지를 기준으로 당신의 하루
하루를 평가하라. 어느새 훌쩍 성장한 자신을 발견할 것이다.

신호 7. 무질서한 공간을 방치한다

*

우리가 생활하는 공간을 무질서하게 내버려두면 주변을 돌봐야 한다는 사실 자체를 잊게 된다. 무질서와 혼돈을 만드는 행동이 무의식을 형성하는 것이다. 깔끔한 방 안, 아침마다 금방 찾아서 입을 수 있는 옷, 말끔한 부엌, 정리된 책상 등 깨끗이 정돈된 업무 공간과 생활 공간은 번영과 발전에 필수적이다. 서류는 한 곳에 있어야 하고 침실은 조용해야 하며 하루가 끝날 때 모든 것이 제자리에 놓여야 한다.

정리가 되어 있지 않으면 우리 자신을 위한 기회가 줄어든다. 혼돈에서는 그 어떤 긍정적인 것도, 아름다운 것도 나오지 않는다. 마음 깊숙한 곳에서는 누구나 알고 있다. 무질서한 공간을 유지하는 것은 깔끔하게 정돈된 상황에서 생겨나는 불편한 감정 때문일 수 있다. 그 불편한 감정, 우리가 피하려는 불편한 감정은 모든 것이 정리되면 하고 싶은 일, 되고 싶은 사람을 위한 노력을 시작해야 한다는 부담감 때문인지 모른다. 그러나 공간을 무질서하게 방치하면 중요한 과업이나 우선순위에 있는 일을 놓친다는 사실을 기억해야 한다.

어떻게 해결할까

뭐든 그렇듯 천천히 시작해서 적응해야 한다. 잡동사니를 치우고 질서를 잡으려면 일단 방 하나에서 시작한다. 그것도 부담스러우면 방 한구석, 서랍 하나, 장 하나도 좋다. 마음먹은 것까지만 하라. 그리고 질서를 유지하는 규칙을 도입하라.

이렇게 시작해서 공간을 정리하라. 공간이 당신을 방해하지 않고 도움이 되도록 하라. 디퓨저 등 위안을 주는 물건을 침대 옆에 두어라. 가족 달력을 부엌에 두어 모두가 서로의 약속과 일정을 볼 수 있도록 하라. 우편물이 정리가 안 된다면 매일 받는 우편물 두는 장소를 정하라. 세탁물이 문제라면 세탁 과정을 체계화해서 하루나 이틀 동안 한꺼번에 세탁하라.

깨끗한 책상에서 일하는 것에 서서히 익숙해져서 결국 습관이 되도록 하라. 스트레스가 덜하고 삶에 대한 통제감이 훨씬 커지는 걸 느낄 것이다. 원하는 모습의 사람이 살 것 같지 않은 환경에서 그런 사람이 되기는 불가능에 가깝다.

신호 8. 원하지 않는 것에 매달린다

＊

때로 우리는 남들이 기대하는 모습으로 자신의 꿈을 정한다. 혹은 스스로 정했던 목표가 어느 순간 자신에게 맞지 않는 것이 될 때도 있다. 때로 우리는 별로 원하지 않는 결과를 얻기 위해 자신을 밀어붙이며 노력한다. 하지만 그 모두가 진실한 욕망이 아닌 탓에 결국 공허함만이 남는다. 동기 부족이나 저항감과는 다르다. 이 경우 실행하지 못하는 이유는 두려움 때문이나 기술 부족 때문이 아닌, 자신이 정말로 원하는 모습이 아니라는 본능적 깨달음 때문이다. 길을 잃었다고 느끼지만 그러면서도 경로를 바꾸지 못한다.

무언가를 위해 노력할 때 자신에게 물어보자. '내가 진심으로 원하는 것인가?' 그 일을 하고 싶은가, 아니면 그저 타이틀에 끌리는가? 상대를 사랑하는가, 아니면 연인이 있다는 게 좋은가? 최고의 성공을 거두겠다는 낡은 이상을 여전히 붙잡고 있는가? 그렇다면 이제 떠나보내면 어떨까?

하루가 끝날 때 일과를 돌아보며 자신에게 솔직해져 보자. 그러면 우리가 아직 제대로 방향을 잡지 못했음을, 삶의 최선이 무엇인지 재평가해야 할 때임을 알게 될 것이다. 그런 재평가가 주변 사람이나 과거의 자신에게 실망스러운 것이라 해도 말이다. 너무 어려 자신을 제대로 알지 못했을 때 이상으로 삼았던 성공을 이루려고 노력하면서 남아 있는 삶을 살 필요는 없다. 지금의 자신에게 맞는 의사결정을 내리는 것이 우리가 유일하게 책임져야 할 일이다.

어떻게 해결할까

당신의 성공 스토리가 한때 생각했던 모습이 아닐 수 있다는 점을 받아들여라. 당신이 정말로 원하는 성공은 매일 평화를 느끼며 살거나, 일하지 않고 여행하며 사는 것일 수 있다. 따뜻한 우정이나 행복한 연애일지도 모른다. 10년 전에 시작한 일이라고 해서 영원히 해야 하는 것은 아니다. 좋아한다고 생각하던 일이 바람과 달리 쉽게 이뤄지지 않을 수도 있다.

자신에게 맞지 않는 것을 떠나보내야 맞는 것을 찾을 공간이 생긴다. 하지만 그러기 위해서는 자존심을 내려놓고 대상을 있는 그대로 바라볼 용기가 필요하다.

신호 9. 주변 사람들을 뒷담화한다

*

뒷담화를 하거나 사람들을 쉽게 판단하고 평가하는 것은 건강하고 긍정적인 관계 맺음이 아니다. 그 악영향은 생각보다 훨씬 클 뿐 아니라 자칫 자신의 성장도 방해할 수 있다.

자신이 누군가만큼 성공하지 못해 불편한 느낌이 들면 그 느낌을 줄이기 위해 상대의 부정적인 면을 찾으려고 든다. 그러나 자신보다 더 성공한 사람을 만날 때마다 그렇게 한다면 어느새 성공을 비호감과 연결하고, 훗날 성공으로 나아가기 위해 행동하는 것을 거부할 수 있다. 자신이 험담했던 성공한 사람이 되었다가는 자아 개념에 균열이 생기기 때문이다.

어떤 사람들은 부자들을 악당 취급하는 말을 들으면서 성장하기도 한다. 그래서 부자는 모두 도덕적으로 부패했다고 믿는다. 이런 생각이 잠재의식에 스며들면 경제적 안정을 이루려고 노력하지 않게 된다. 경제적 안정이 죄의식 또는 비난과 연결되었기 때문이다. 남을 비난하는 데 익숙해지면 이것이 게임의 규칙이 된다. 상대가 내가 갖지 못한 것을 가졌다고 해서 질투하고 비난한다면 상대에게 상처를 주기보다는 우리 자신의 삶이 파국으로 치닫는다는 점을 기억해야 한다.

남을 사랑하기 전에 자신을 사랑하는 법부터 배우라고 한다. 하지만 남을 사랑하는 법을 잘 배운다면 자신도 그만큼 사랑할 수 있다.

섣부른 가정을 하지 않음으로써 상대를 비난하지 않는 법을 연습하라. 부족한 정보로 상대에 대한 결론을 내리지 말고 당신이 모든 측면, 모든 이야기를 다 알 수는 없음을 인식하라. 다른 사람들의 삶에 더 공감하면 자신에게도 더 공감할 수 있다. 당신이 원하는 무언가를 가진 사람을 봤다면 힘들더라도 축하하라. 그 축하가 되돌아와 당신도 원하는 것을 갖게 된다.

신호 10. 자존심 때문에 고집을 부린다

＊

때론 자존심 때문에 최악의 결정을 내릴 때가 있다. 잘못된 관계인 줄 알면서도 끝내는 것이 부끄러워 보일 때가 있다. 시작한 일이 원하던 일이 아니었지만 빨리 바꾸거나 도움을 청하지 않고 우물쭈물할 때가 있다. 자존심이 앞을 가로막는 것이다. 우리는 자신의 삶이 실제로 어떤지가 아니라 남들이 우리의 삶을 어떻게 보는지를 기준으로 결정을 내린다. 이는 옳지 않을 뿐더러 무척 해롭기까지 하다.

어떻게 해결할까

자존심에 매달리지 않으려면 자신을 솔직하게 전체적으로 바라봐야 한다. 자신이 얼마나 흠 없이 완벽한지 증명해야 한다고 생각하지 말고 현실적으로 자신을 바라보라. 약점이 많지만 그래도 최선을 다하려고 노력하는 당신 말이다. 맞지 않는 것을 놓아버리지 못하고 남들을 의식해 계속 붙잡고 있으면 더 나쁜 결과를 맞이한다. 세상에 완벽한 사람은 없다. 자신이 완벽하지 않음을 인정하면서 배우고 적응하고 최선을 다하는 모습이 존경을 받는다.

이런 마음가짐에 이르면 배움에 마음을 열게 된다. 자신이 모든 것을 다 안다고, 완벽하게 보여야 한다고 생각하지 않게 되고 틀렸을 때는 순순히 인정하고 도움을 청하며 때로는 남에게 의지하기도 한다. 바로 여기서 성장의 가능성이 열린다. 그리고 당신의 삶은 확실히 더 나아질 것이다.

신호 11. 나는 성공할 자격이 없다고 여긴다

＊

'고통, 공포, 불행이 넘쳐나는 세상에서 성공하고 풍요로운 삶을 살려고 하다니!' 이렇게 생각하는 사람들이 생각보다 꽤 많다. 가장 큰 정신적 장애물은 필요한 것보다 더 많이 가졌을 때 따라오는 죄의식이다. 이 생각의 근원은 여러 가지지만 결국은 '자격 없음'이란 느낌으로 귀결된다. 더 많이 벌기 시작할 때, 더 좋은 것을 갖게 될 때 이런 느낌이 생겨난다. 그래서 벌이가 많아지면 계획 없이 막 써버린다거나 고객 관리 혹은 업무에 정성을 덜 기울이는 식으로 자기 파괴 행동을 보인다. 필요한 것 이상을 소유하는 게 편안하지 않기 때문에 다시 편안한 결핍 상태로 되돌아가려는 것이다.

성공과 관련된 죄의식은 안타까울 만큼 많은 사람이 갖고 있다. 특히 올바른 일을 하며 진실하게 살려고 하는 선한 사람들이 그렇다.

어떻게 해결할까

극한의 성공을 이룬 사람들은 그 어떤 죄의식도 느끼지 않는다는 점을 일단 인식하라. 죄의식은 충분히 '갖지 못한' 상태에서 충분히 '가진' 상태로 넘어갈 때 생겨난다.

　돈과 성공은 수단에 불과하다는 점을 깨달아야 한다. 돈과 성공은 당신에게 시간을 되돌려준다. 남들을 돕고 변화시키며 고용할 기회를 제공한다. 성공이 당신의 사회적 위치를 바꾼다고 생각하지 말고 세상과 자신에게 중요하고 긍정적인 일을 할 수 있게 해준다고 생각하라.

신호 12. 실패할까 봐 시도조차 하지 않는다

❋

　보기 좋지 않을까 봐 혹은 금방 실패할까 봐 시도조차 하지 않는 경우가 너무나 많다. 실패에 대한 두려움은 정말 굉장한 것을 이뤄낼 수 있는 지점에서 물러나게 만든다. 심지어 새로운 것을 시작할 때 무언가 놓치고 있을지 모른다는 비이성적인 걱정을 계속하기도 한다. 동업자가 사기를 칠지 모른다고, 한 발짝만 잘못 디디면 폭삭 망한다고 걱정하는 식이다.

　이런 종말론적 사고는 상실로부터 자신을 차단하고 싶을 때 나타난다. 소중히 여기는 무언가를 간절히 지키고 싶기 때문이다.

어떻게 해결할까

새로운 무언가를 과감하게 시도한 후에 실패하는 것과 그저 책임질 엄두가 나지 않아 하지 않고 실패하는 것은 다르다. 이는 전혀 다른 경험이므로 분리해서 생각해야 한다. 시작 단계에서는 썩 훌륭하지 않을 것이 두렵다고 해도, 정말로 또다시 상실의 슬픔을 겪는다고 해도 아예 시도하지 않고 제자리에 머무는 것보다는 덜 실패하는 것이다. 실패는 피할 수 없는 일이다. 아무리 뜻이 좋고 준비를 잘해도 실패할 수 있다.

부주의로 인한 실패라면 목표에서 한 걸음 뒤로 물러난 것으로 볼 수 있다. 그러나 새롭게 시도했기 때문에 실패했다면 목표에 한 걸음 다가선 것이다.

신호 13. 성공을 깎아내리려 한다

사람들 속에서 덜 두드러져 보이면 남들이 경계심을 풀고 자신을 좋아해줄 것이라고 생각하거나 정점에 도달한 것이 두려운 나머지 '해냈다'라는 생각을 피하려 할 때 성공을 경시하는 태도를 보이게 된다.

우리는 마음속 깊이 바라던 성공에 마침내 도달하는 순간을 고대하면서도 막상 성공하고 나면 생각만큼 대단하거나 기분이 좋거나 하지 않다는 것을 깨닫는다. '해냈다'라는 생각은 오히려 정상에 올랐기 때문에 이제 내리막길뿐이라는 두려움을 낳는다. 이미 도착했으니 더 이상 추구할 목표가 없다. 이때 우리는 마치 죽음과도 비슷한 감정을 느낀다.

마찬가지로 다른 사람들과 어울릴 때도 자신을 크게 드러내지 않으려고 한다. 어릴 때부터 자신을 과시하는 행동은 적절하지 않다고 배웠기 때문이다. 그러면서도 남들보다 자신이 더 낫다고 느끼는데 그런 느낌은 불편하다. 진실이 아니며 배려하는 태도도 아니어서 그렇다.

어떻게 해결할까

우리는 사람들의 다양한 성취와 재능을 인정하고 칭찬하면서도 충분히 자신에게 만족할 수 있다. 칭찬을 어색해하는 대신에 "고맙습니다. 열심히 했답니다. 오늘 이 자리가 행복합니다."라고 대답할 수 있다.

너무 일찍 정상에 올랐다는 생각에 두렵다면 발전에 관한 생각을 바꿀 필요가 있다. 더 좋아지는 것이 더 나빠지는 단계로

✦ 딱 한 가지만 해내도
더 나은 미래를 만들 수 있다

이어지는 건 아니다. 하나를 이루는 것이 반드시 다른 하나를 잃고 과거로 돌아간다는 뜻은 아니다. 이런 생각은 우리를 낡은 안전지대에 묶는 자기 파괴 행동이다.

삶의 한 부분이 개선되면 그 개선이 다른 부분들로 퍼져나간다는 사실을 인정하라. 하나를 이루면 더 나은 미래를 만들 수 있다. 계속 노력한다면 삶은 서서히 나아지는 방향으로 움직인다. 만일 삶이 더 나빠진다면 그 이유는 하나를 이룬 후 그 사실에 압도되어 자신을 닫아버렸기 때문이다.

신호 14. 자신을 제대로 돌보지 않는다

성공을 파괴하는 사람들은 하나같이 목표에서 멀어지는 습관을 지속한다. 좋은 몸을 만들고 싶다고 하면서 매일 먹는 음식을 바꾸지 않는다. 직업을 바꾸고 싶다고 하면서 현재 일을 그만두거나 새로운 일을 찾지 않는다.

이런 행동의 핵심에는 계속 앞으로 나아가며 발전해야 한다는 심리와 함께 변화에 따르는 불편함을 피하려는 심리가 공존한다. 이 내부의 긴장과 불안이 최고조에 이르러 충돌이 일어나면 그때부터 변화하기 시작할 수 있다. 하지만 우리의 목표는 일부러 위기를 만드는 것이 아니다. 그전에 당신이 앞으로 나아가는 것을 방해하며 발목을 잡는 습관이 무엇인지 파악해야 한다.

어떻게 해결할까

건강을 나름대로 정의해보자. 당신에게 건강한 삶은 무엇인가? 건강하게 살면 어떤 느낌이 들까? 당신은 어떤 행동을 할까? 다른 사람이 정의한 건강한 삶에 의존해서는 안 된다. 우리는 각자 다른 사람들이고 필요한 것과 선호하는 것, 살아가는 방식이 다르기 때문이다.

당신이 가장 좋다고 느끼는 것을 찾아보자. 식사, 운동, 수면이 어떻게 조합되어야 당신에게 잘 맞는지 찾아보고 선택하라. 그리고 그 조합을 유지하라. 많은 것이 그렇듯 건강한 습관도 서서히 만들어가는 것이 가장 좋다. 새벽 6시에 억지로 일어나 한 시간 운동하기보다 15분 운동을 시도하는 것이 좋을 수도 있다. 당신이 좋아하는 운동 수업을 수강할 수도 있고, 아침이 아닌 오후나 저녁으로 운동 시간을 정할 수도 있다.

성공하기 쉬운 상황을 만들어라. 직접 식사를 준비하고 물을 책상에 두고 틈틈이 마셔라. 당신의 생활에 적합한 건강 습관이 서서히 자리를 잡도록 하라.

신호 15. '바쁨 중독'에 빠져 있다

흔히 보이는 또 다른 자기 파괴 행동은 온갖 일에 매달려 결국 자기 삶을 잃어버리는 것이다. 늘 바쁜 사람은 자기 자신을 놓치고 만다. 스스로 바쁘기를 원하지 않는다면 누구도 바쁠 수 없다. 극도로 분주한 일정을 소화하는 이들도 사람들에게 바쁘다고 말하지 않는다. 바쁘게 지내는 것이 미덕이 아니기 때문이다. 이는 자신에게 주어진 시간과 과업을 제대로 관리하지 못한다는 신호일 뿐이다.

바쁘다는 것은 사실 중요한 신호다. 사람들이 당신에게 다가가기 어렵게 만들기 때문이다. 또한 눈앞의 과업을 해내느라 당신은 늘 과로에 시달린다. 항상 바쁘게 지내다 보면 정말로 잘못된 것을 알아채지 못하고 방치하게 된다.

어떻게 해결할까

일정 관리가 안 되면 효율성과 생산성을 발휘할 수 없다. 만일

이런 상황이라면 일단 중요한 순으로 과업을 정리하고 남에게 맡길 수 있는 일은 과감히 맡기는 결단이 필요하다.

이와 반대로 일부러 바쁜 일정을 만들고 정신없이 지내는 상황이라면 단순함과 규칙의 편안함을 느껴보자. 자신에게 가장 중요하다고 생각되는 과업 다섯 개를 매일 기록하라. 그리고 그 과업들에만 집중하라.

어쩌면 바쁜 생활이 자신을 '보호'해주기 때문에 일부러 일정을 만들어낼 수도 있다. 한번 스스로 물어보자. 바쁜 생활은 자신이 남들보다 중요하다고 느끼게 해주는가? 부담스러운 상황에서 '노'No라고 말하게 해주고 싫은 사람들을 피할 수 있게 해주는가? 만일 그렇다면 더 건강하고 생산적인 해결 방법, 예를 들면 자랑스러워할 만한 무언가를 이뤄 자존감을 찾거나 인간관계의 경계와 욕구를 평화롭지만 분명하게 설정하는 등 방법을 찾아야 한다.

신호 16. 나를 망치는 사람들을 곁에 둔다

❋

우리 삶의 많은 부분이 함께 시간을 보내는 사람들에 좌우된다. 인간관계는 자기 파괴가 흔히 나타나는 영역이기도 하다: 진을 빼놓는 사람, 불안감을 느끼게 하는 사람, 계속 더 많은 것을 요구하는 사람이 당신 주변에도 있을 것이다. 이런 관계는 '유해함 스펙트럼'에서 가벼운 쪽이지만 여전히 파괴적이다. 열등감을 느끼게 하거나 질투심을 떨쳐버릴 수 없는 관계에 붙잡혀 있다면 서서히 빠져나와야 한다. 그렇다고 해서 비열하거나 무례해지거나 관계를 완전히 끊어버릴 필요는 없다.

자신과 안 맞는다고 해서 관계를 끊어야 하는 것은 아니다. 하지만 많은 시간을 함께 보내는 사람들이 당신의 미래를 만든다는 사실을 기억하고 주변 사람들을 지혜롭게 선택해야 한다.

어떻게 해결할까

당신에게 도움과 영감을 주는 사람들, 목표가 비슷하고 함께 보내는 시간이 즐거운 사람들과 가까이 지내라. 헤어지면서 피로와 분노를 느끼는 것이 아니라 활력과 영감을 얻는 이들 말이다. 이런 친구들을 찾는 데는 시간이 걸린다. 단번에 찾지 못할 수도 있다. 왠지 계속 끌리는 사람에게 커피를 마시러 가자고 하는 것부터 시작하자. 아니면 다시 만나고 싶은 누군가에게 연락을 취할 수도 있다. 서서히 진실한 관계를 구축하고 최선을 다해 유지하라.

신호 17. 최악의 시나리오만 상상한다

꽃

 가끔 우리는 아직 일어나지 않은 일, 그것도 최악의 경우를 걱정하곤 한다. 이런 걱정과 공포는 자신도 모르게 일어나는 흔한 자기 파괴 행위다. 누구나 종종 이런 경험이 있을 것이다. 절대로 일어날 리 없는 일을 상상하며 끔찍한 종말의 날 시나리오를 쓰는 것이다. 계속해서 걱정하다 보면 결국 그 걱정이 삶의 일부가 되기도 한다.

 이런 비이성적 공포, 특히 일어날 리 없는 일에 대한 공포는 우리의 실제 공포를 투사한 경우가 많다. 그 일이 일어나지 않으리라는 것을 마음속 깊은 곳에서는 알고 있으며 따라서 이 비이성적 공포는 안전하다. 그러면서 진짜 두려움을 이 안전한 공포로 표출하는 것이다.

 두려움의 악순환에 빠져 일어날 리 없는 기이한 상황들을 자꾸만 떠올리게 된다면 사실은 다른 무언가가 두려운 게 아닐지 스스로 물어보자. 예를 들어 조수석에 타는 것이 두렵다면 앞으로 나아가는 것이 두려운지, 자신의 통제권을 잃어버리는 것이 두려운지 생각해보라. 직장에서 해고당할까 봐 두렵다면 자신이 다른 일자리를 얻을 능력이 없다는 두려움 혹은 윗사람들에게 무시당하고 있다는 두려움 때문일 수 있다.

어떻게 해결할까

최악의 경우를 걱정하며 에너지를 낭비하지 말고 지금 이 공포가 전하려는 메시지가 무엇인지, 당신의 삶에 무엇이 필요하다고 말해주는지 생각해보자.

공포가 추상적 은유라면 숨은 뜻은 무엇일까? 갑자기 수입이 끊기는 공포라면 안정된 삶에 대한 욕구 때문일까? 미래에 대한 공포라면 현재를 온전히 살지 못하고 있다는 의미일까? 결정을 내리는 것에 대한 공포라면 진심으로 원하는 것을 알면서도 선택하지 못하는 상황을 보여주는 걸까?

가장 두려운 것의 핵심에는 당신이 정말로 걱정하는 것이 무엇인지 알려주는 메시지가 있다. 당신이 지키고자 하는 것이 무엇인지 알아낸다면 더 건강하고 안전한 방법을 찾을 수 있다.

변화가 필요한 때인지 판단하는 방법

*

자기 파괴 행동을 머리로는 알고 있다고 해도 자신이 그런 상태인지 알아차리는 것은 어려울 수 있다. 그 징후들이 가끔씩 약하게 나타나 알아차리지 못하다 정말로 큰 문제가 터지거나 남들이 지적해준 후에야 깨닫기도 한다. 자기 파괴의 가장 명백한 12가지 증세는 다음과 같다.

1. 원하는 것보다 원하지 않는 것을 더 잘 안다

일어났으면 하는 일을 상상하고 계획하기보다는 일어나지 않았으면 하는 일을 걱정하는 데 더 많은 시간을 보낸다.

2. 당신을 좋아하는 사람들보다 당신을 좋아하지 않는 사람들에게 잘 보이려고 노력한다

있는 그대로의 당신을 좋아하는 사람들, 당신을 조건 없이 사랑하는 가족과 친구에게 사랑받고 그들을 배려하는 사람이 되려고 노력하지 않는다. 그보다는 당신을 좋아하지 않는 사람들 또는 경쟁 상대가 시기하고 질투할 만한 사람이 되려고 노력한다.

3. 문제를 회피한다

빚이 얼마인지, 당신이 종사하는 업계에서 일하는 사람들이 얼마나 버는지 등 기본적인 사실을 모른다. 의견 충돌이 생기면 무엇이 문제인지 대화하고 해결책을 도출하기보다 도망치거나 잊어버리려고 한다. 이런 거부 행위는 그 어떤 치유 노력도 쓸모 없게 만든다.

4. 실제로는 어떻든 괜찮아 보이려고 노력한다

정말로 좋은 시간을 보내기 위해 노력하기보다는 좋은 시간을 보낸 것처럼 보이는 사진을 올리는 것이 중요하다. 도움과 지지를 줄 수 있는 이들과 솔직한 관계를 맺기보다는 모두에게 당신이 잘 지낸다고 믿게 만들려고 한다.

5. 최대 관심사는 남들의 호감을 사는 것이다

본래의 모습대로 행동하기보다는 남들이 좋아하는 행동을 하려고 애쓴다. 대체 이 '남들'은 누구인가? 왜 자신의 행복을 대가로 남들을 행복하게 만들려고 하는가?

6. 실은 자기감정이 가장 두렵다

삶에서 가장 두려운 지점에 가닿으면 당신 자신의 감정을 제 대로 처리할 수 있을까 하는 두려움과 대면하게 된다. 당신의 앞 길을 가로막는 존재는 오로지 당신뿐이다.

7. 왜 원하는지 묻지도 않고 맹목적인 목표를 추구한다

해야 할 모든 일을 다 하면서도 매일 저녁 공허함과 우울함을 느낀다면 하고 싶지 않은 일을 하기 때문일지 모른다. 남들이 만 들어놓은 행복 시나리오대로 따라 한 것이다.

8. 자신의 대처 메커니즘만이 문제라고 여긴다

과식, 낭비, 과음, 성 문란 등 문제 행동을 해결하려 나서기 전 에 그 문제 행동을 함으로써 충족되는 감정이 무엇인지부터 살 펴보라. 그러지 않으면 전쟁은 끝나지 않는다.

9. 잠재력보다 의혹에 더 큰 가치를 부여한다

부정 편향nagativity bias은 나쁜 일들이 좋은 일들보다 더 현실적 이라고 믿는 것이다. 이 편향을 잘 감시하지 않으면 우리가 두려 워하는 모든 것이 실제 존재하는 좋은 일들보다 더 현실적이라고 믿게 된다.

10. 모든 것을 다 챙기려고 한다

의지력은 유한한 자원이다. 하루에 다 써버려서는 안 된다. 모든 것을 잘하려고 애쓰지 말고 가장 중요한 게 무엇인지 결정하라. 거기에 집중하고 나머지는 흘려보내라.

11. 누군가 나타나 원하던 삶을 안겨주기를 기대한다

어릴 때 우리는 성공이란 합당한 재능과 자격을 갖춘 특별한 이들만 얻는 것이라 여겼다. 그러나 이제는 관심사, 열정, 능력, 틈새시장을 잘 조합한 사람들이 성공한다는 것을 안다. 여기에 인내를 추가하면 된다. 실패하는 유일한 길은 포기다.

12. 얼마나 멀리 왔는지 깨닫지 못한다

당신은 5년 전의 당신이 아니다. 자아 이미지와 함께 성장해 현재의 모습이 되었다. 그동안 예상을 뛰어넘어 극복하고 이뤄온 모든 것에 후한 점수를 주어라. 당신은 생각했던 것보다 훨씬 멀리 왔다. 그리고 아직 모르고 있지만 당신은 그리던 목표에 훨씬 가까워졌다.

문제는 '핵심 방향'과 '핵심 욕구'다

❋

우리가 극심한 내적 갈등 혹은 자기 파괴를 자주 경험하는 이유는 우리 존재의 '핵심 방향', 즉 우리가 삶의 목적 또는 이유라고 부르는 것 때문이다.[5]

잠재의식의 방향은 기본적으로 당신이 가장 원하는 것을 향해 있지만 많은 경우 인식조차 하지 못한다. 당신이 가장 애쓰는 일이나 가장 원하는 일을 곰곰이 살펴보면 핵심 방향을 파악할 수 있다. 행동의 동기들 하나하나를 파헤쳐보면 근원적 원인이 드러난다. 모든 것의 근원적 원인이 나타났다면 그것이 당신의 핵심 방향이다.

스스로 무엇을 지향하는지 알지 못한다면 당신은 계속 비이성적이고 예측 불가능한 존재일 수밖에 없다. 예를 들어 자유를 느끼는 게 핵심 방향인 사람은 취직할 기회를 거부할 것이다. 어딘가에 소속되어 자유를 잃어버리길 바라지 않기 때문이다. 사랑받는 것이 핵심 방향인 사람은 끊임없이 연애를 하면서도 열정이 식을 수 있다는 두려움 때문에 헌신하는 것은 거부할 것이다.

자기 삶을 통제하는 것이 핵심 방향인 사람은 스스로 통제하지 못하는 상황을 맞닥뜨리면 비이성적인 분노를 드러낼 것이다. 모두의 관심을 받는 게 핵심 방향인 사람은 어떤 상황이 닥치면 무력한 척할 것이다. 남들에게 보살핌을 받는 존재가 되지 않으면 버림받는다고 여기기 때문이다.

하지만 가장 중요한 사실은 당신의 핵심 방향이 실제로는 '핵심 욕구'를 가리는 역할에 불과하다는 것이다. 핵심 욕구는 핵심 방향과 반대다. 핵심 욕구는 목표를 파악하는 다른 방법이기도 하다. 예를 들어 당신의 핵심 방향이 자신의 통제권 유지라면 핵심 욕구는 신뢰다. 당신의 핵심 방향이 쓸모를 인정받는 것이라면 핵심 욕구는 사랑받는 것이다. 당신의 핵심 방향이 남들의 관심을 받는 것이라면 핵심 욕구는 자기애다.

핵심 욕구를 덜 채울수록 핵심 방향 증세core commitment symptoms는 더 심각해진다.

당신이 신뢰받기를 원하기 때문에 오히려 삶의 통제권을 갖고자 한다면 사람들에게 지지받지 못한다고 느낄수록 부정적 대처 메커니즘이 두드러지게 나타날 것이다. 식이장애, 자기 소외, 과도한 외모 집착 등을 보일 수 있다. 자유를 추구하며 자율성을 원하는 사람이라면 자신만의 삶을 만들어가지 못할수록 기회를 거부하고 '당연히' 행복해야 할 상황에서 자신은 말라 죽어간다고 느낄 것이다.

반대로 핵심 욕구가 충족될수록 핵심 방향의 증세는 사라진다. 정말로 원하는 것이 무엇인지 이해하고 나면 자신의 습관과 행동을 납득할 수 있다. 어떤 상황에서 어떤 행동을 할지 구체적으로 예측하는 일도 가능해진다. 가장 중요하게는 자신이 정말로 원하는 것을 물어보기 시작함으로써 더 이상 표면적으로 드러나는 증상에 매달리지 않고 진짜 문제, 핵심 욕구, 즉 당신의 핵심 목표에 맞춰 살아야 한다는 삶의 과업을 수행하게 된다.

이제 감정의 발목 잡기에서 벗어날 차례

자기 파괴의 이유를 이해하는 것과 자기 파괴 행동을 하지 않는 것은 다르다. 자기 파괴 행동의 뿌리와 목적을 이해했다면 삶을 조정해야 한다. 자기 파괴의 극복은 스스로 발목을 잡는 이유를 아는 데서 끝나는 게 아니다. 당신이 원하고, 필요로 하는 방향으로 움직여 행동해야 한다. 처음에는 마음이 몹시 불편하다 해도 말이다.

발목 잡힌 감정에서 벗어나
새로운 삶으로 나아가라

이는 전체 과정에서 아주 중요한 단계다. 회피하려 했던 감정과 정확히 대면하는 것이어서 그렇다. 자기 파괴 행동을 중단할 때 억압된 감정, 있는지조차 인지하지 못했던 감정이 모습을 드러낸다. 그러면 물론 전보다 훨씬 기분이 나빠질 수도 있다.

자기 파괴를 극복하는 것은 누군가의 지시를 받아야 하는 일이 아니다. 우리는 우리 자신이 무엇을 원하는지, 무엇을 해야 하는지를 안다. 그저 감정에 대한 두려움으로 자신의 발목을 잡고 있을 뿐이다. 이 감정적 발목 잡기에서 벗어나기 시작하면 더 큰 편안함, 더 많은 공간과 자유를 찾으면서 삶을 바꿔나갈 수 있다.

감정에도 공간이 필요하다

자기 파괴 행동에서 벗어나려 할 때 처음으로 마주하는 감정은 저항이다. 벽에 부딪힌 것처럼 꽉 막혔다는 감각에 몸이 딱딱하게 굳는 느낌을 받는다. 이 느낌은 깊숙한 곳에 자리 잡은 날카로운 감각을 알아차리지 못하게 하는 위장된 감정인 경우가 많다.

저항을 느끼기 시작할 때는 무작정 돌파하려는 마음이 들지 않는다. 그러다가는 전에도 부딪혔던 벽에 또 부딪힐 수 있기 때문이다. 극복하려 시도해봤자 문제를 해결할 수 없다는 생각에 다시 자기 파괴 행동을 강화할 수도 있다. 그럴 때는 다음 질문을 던져보자.

- 어째서 이런 느낌이 들까?
- 이 느낌은 내가 하려는 행동에 대해 무엇을 말해주는 걸까?
- 더 배워야 하는 무언가가 있을까?
- 지금의 내 욕구를 존중한다면 무엇을 해야 할까?

질문에 답하며 자신의 영감 혹은 인생의 비전에 다시금 연결돼야 한다. 어떤 행동을 하고 싶은 이유, 변화하고 싶은 이유를 명확히 하라. 지금보다 더 나은 존재로 살고 싶다는 동기가 사실이라면 저항은 점차 사라질 것이다. 당신을 받쳐주고 앞으로 밀어내는 비전이 공포보다 더 크기 때문이다.

분노, 슬픔, 무능함 같은 다른 감정이 밀려올 수도 있다. 그때는 이 감정들에 공간을 만들어주도록 하자. 몸속에 감정들이 차오르도록 한 뒤 관찰하라. 당신이 어떻게 긴장하고 날카로워지는지 지켜보라. 감정들에서 무엇이 느껴지는지 살펴라. 감정을 느끼는 것에 대한 공포만큼 나쁜 것은 없다. 결국 경험은 자극과 신체적 긴장의 수용이며 이를 중심으로 우리의 이야기가 만들어지기 때문이다.

이 감정들이 대부분 자기 파괴 행동과 관련되어 생겨난다는 점을 기억하라. 부모가 당신을 대했던 방식에 분노를 느낀다면 당신이 연인 관계를 망치는 핵심 감정이 분노와 불신이라는 점이 그리 놀랍지 않을 것이다. 자기 파괴와 감정은 무작위로 연결되는 게 아니다. 감정들은 우리의 진짜 욕구, 내면에서 해결되지 않은 문제를 깊이 통찰하도록 해준다.

일단 인식한 이 감정을 완전히 내보내려면 자기 자신에게 편지를 써보라. 어린 시절의 자신에게 쓸 수도 있고 미래의 자기가 되어 쓸 수도 있다. 주문 혹은 선언문을 써라. 적은 몫에 만족하기에는 자신을 너무 사랑한다는 것을, 불공정하거나 불만스러운 상황에는 분노해도 좋다는 것을 상기하라. 감정을 깊이 경험하도록 여지를 주어 그 감정이 당신의 행동을 통제하지 않도록 하라.

부정적 감정과 행동의 연결 고리 끊기

＊

자기 파괴를 극복하기 위해 가장 중요한 마지막 지침은 행동과 감정의 연결을 끊는 것이다. 우리는 변화를 만들어낼 능력이 없어서 발목 잡혀 있는 것이 아니다. 변화할 수 없다는 느낌에 발목이 잡혀 변화하지 못하는 것이다.

무엇을 원하는지 비전을 품을 수 있다는 것, 자신에게 옳은 것을 알지만 행동을 못 하겠다는 느낌이 든다는 것, 이것이 진실이다. 그 이유는 우리의 감정이 안전 체계를 중심으로 만들어지기 때문이다. 이미 했던 일을 할 때, 익숙함에 머무를 때는 '좋은' 감정이 생겨난다. 우리의 몸에 안전하다고 등록되었기 때문이다. 더 큰 안전을 안겨주리라 여겨지는 변화는 행복하게 이룰 수 있다. 하지만 위험해질 수 있거나 낯선 것과 마주해야 하는 변화라면 아무리 도움이 된다고 해도 선뜻 반기기 어렵다.

그럼에도 우리는 자신에게 좋은 행동을 선호하도록 스스로 훈련할 수 있다. 바로 안전지대를 재구성하는 것이다. 처음 몇 번은 불편함을 느낀다고 해도 반복하다 보면 갈망하게 된다. 초기의 주저함을 극복해야 한다. 우리의 삶이 감정이 아닌 논리와 이성 중심이 되도록 해야 한다.

자신의 감정을 인정하는 것은 물론 중요하다. 하지만 감정은 당신이 살면서 할 수 있는 일을 정확히 알려주지는 못한다. 현실을 늘 정확하게 반영하는 것도 아니다. 감정이 아는 것은 당신이 과거에 해온 일이다. 그리고 거기서 편안함을 끌어내는 데 집착한다.

자신이 쓸모없다고 느낀다 해도 정말 그럴 리는 없다. 아무 희망 없다고 느낀다 해도 정말 그럴 리는 없다. 모두가 당신을 싫어한다고 느껴진다면 아마 터무니없는 과장이리라. 모두가 당신을 비판한다고 느껴진다면 착각이다. 마찬가지로 도저히 행동할 수 없다고 느낀다 해도 정말 그럴 리는 없다. 그저 익숙하지 않은 상태여서 의지를 느끼지 못할 뿐이다.

논리와 비전을 동원해 길을 찾음으로써 우리는 힘들지만 긍정적인 삶의 경험을 구별해낼 수 있다. 그리고 이를 상상할 때 평화와 영감을 느낀다. 이런 삶을 살려면 저항과 불편함을 극복해야 한다. 아무리 옳은 행동이라고 해도 처음부터 행복하게 느낄 수는 없기 때문이다.

그러니 하고 싶은 마음이 들기 전에 먼저 행동하는 법을 익히는 게 중요하다. 행동하면 동력이 생기고 동기가 부여된다. 이런 감정이 저절로 나타나지는 않기에 스스로 만들어야 한다. 열정을 갖고 움직여야 한다. 일단 시작하라. 그리고 당신의 삶과 에너지가 재정비되어 그 행동을 좋아하도록, 즉 발목을 잡는 게 아니라 앞으로 나아가도록 하라.

제3장

부정적인 감정을 다루는 연습

무엇이 자기 파괴 행동인지 알았다면 이제 이를 통해 더 깊고 중요한 진실을, 즉 자신이 어떤 사람이고 삶에서 무엇을 원하는지 파악해보자. 이것은 매우 중요한 단계다. 자기 파괴 행동 극복은 무엇이 자기 파괴 행동인지 인식하고 왜 그 행동을 하는지 이유를 찾는 것으로 끝나지 않기 때문이다. 우리의 내적 욕구가 무엇인지, 진짜 욕구를 바탕으로 자신과 더 잘 맞는 삶을 만드는 방법이 무엇인지 이해해야 한다.

트리거trigger는 해결되지 않은 고통이 어디에 쌓여 있는지 보여주는 것을 넘어 그보다 훨씬 깊은 욕구를 드러낸다. 우리가 경험하는 부정적인 감정들 하나하나는 아직 해석하지 못하는 메시지를 담고 있다. 그렇게 부정적인 감정이 그때그때 해석되지 못하고 쌓이다 보면 만성적인 문제가 되기 시작한다. 감정이 인도하는 바를 존중하지 않고 사용하지 못하는 탓에 우리는 감정을 차단하거나 몸속 어딘가에 감춰 어떻게든 떠오르지 않도록 만든다. 그렇게 억눌러놓은 감정이 너무 많아지다 보면 주변 세상에 예민해진다.

표면적으로 보면 감정적 반응을 일으키는 트리거가 문제인 것 같지만 사실은 그렇지 않다. 느껴지는 감정을 어떻게 처리할지 모르는 것이 문제다. 살아가는 데 꼭 필요한 감정 처리 기술을 갖추지 못한 것이다. 어떤 자극이 왜 트리거가 되는지 이해할 수 있다면 부정적인 경험을 놓아 보내고 긍정적인 변화로 나아갈 수 있다.

부정적인 감정을 어떻게 해석할 것인가

＊

트리거는 사람마다 각각 다르다. 하지만 비난받기 일쑤인 몇몇 감정들이 어떤 기능을 하는지 조금 더 이해한다면 트리거에 숨은 욕구를 파악하는 데 도움이 될 것이다. 자기 파괴 행동과 밀접히 연결되는 감정을 이해하는 것이 특히 중요하다. 단순히

'넘어서기' 위해서가 아니라 그 감정이 우리 경험에 대해 말해주는 내용에 귀를 기울이기 위해서다.

분노

*

　분노는 변화를 끌어내는 멋진 감정이다. 그러나 공격성이라는 어두운 특징으로 인식되는 바람에 우리는 분노에 저항하곤 한다. 하지만 분노는 건강하다. 우리가 누군지, 무엇에 신경을 쓰는지 등 중요한 면을 보여준다. 예를 들어 분노는 우리의 경계가 어딘지 알려준다. 또한 우리가 부당하다고 여기는 것이 무엇인지 알려준다.

　궁극적으로 분노는 우리가 움직이고 행동하도록 만들어준다. 진정한 삶의 변화 직전에 분노가 나타나는 일도 많다. 분노는 타인에게 투사하기 위한 도구가 아니라 우리 삶에서 변화시키고 싶은 것을 바꾸도록 하는 동기이기 때문이다. 분노를 있는 그대로 보지 못하면 변화 가능성을 묻어버리고 당장의 진짜 문제를 영원히 해결하지 못한다. 그리고 이럴 때 분노가 공격으로 넘어간다. 그 에너지를 스스로의 변화 동력으로 쓰지 못하고 주변에

발산하는 것이다.

분노를 두려워하지 말자. 두려워하거나 저항하기보다는 우리의 한계와 우선순위를 분명하게 보여주는 도구로 사용해보자. 나아가 자신뿐 아니라 주변 세상에 크고 중요한 변화를 이루는 도구로도 사용할 수 있다.

슬픔

*

슬픔은 무척 사랑하는 무언가를 잃었을 때 나오는 정상적이고 올바른 반응이다. 슬픔은 상실감 또는 실망감 이후 찾아오곤 한다. 그 대상은 연인일 수도, 일자리일 수도, 자기 삶이 어떨 것인가에 대한 막연한 생각일 수도 있다.

슬픔이라는 감정의 자연스러운 단계를 밟아가지 않을 때 슬픔은 문제가 된다. 슬픔은 단번에 해결되지 않는다. 파도처럼 밀어닥친다. 어떤 파도는 전혀 예기치 않은 시간에 밀려오기도 한다. 울고 싶고 주저앉고 싶고 곁에 없는 무언가를 그리워하는 것은 당황스러운 일도, 잘못된 일도 아니다. 적절한 시점에 소리 내어 우는 것은 정신이 건강하다는 지표다. 정신적으로 문제가 있는

울고 싶고 주저앉고 싶고
무언가를 그리워하는 건 잘못이 아니다

사람은 감정을 표출하고 취약함을 드러내는 걸 어려워한다.

죄의식

*

했던 일에 대한 죄의식보다 하지 않았던 일에 대한 죄의식이 더 많은 영향을 미친다. 죄의식에 가장 크게 시달리는 사람은 끔찍한 짓을 저질러서 그런 게 아니다. 사실 극악무도한 범죄자는 죄의식이 별로 없다. 그러니 남에게 나쁘게 행동했을지 모른다는 걱정은 그 자체로 좋은 신호다.

죄의식은 마음에 걸리는 행동, 즉 최선의 행동은 아니었지만 할 수 있었던 행동에 대해 깊이 들여다보도록 만든다. 남들을 불공정하게 대했다면 인정하고 사과하고 바로잡을 수 있어야 한다. 하지만 특정 상황에 연결되지 않은 보다 광범위한 죄의식이라면 자신이 틀렸다거나 남들을 실망시켰다고 느끼는 이유가 누구 혹은 무엇 때문인지 살펴봐야 한다.

죄의식은 어린 시절부터 이어져 현재까지 투사되는 감정이다. 자신이 주변에 짐이 된다고 느낄 때 다시 죄의식이 살아난다.

당혹감

*

당혹감은 우리가 자랑스러운 방식으로 행동하지 못했음을 깨달을 때 느끼는 감정으로, 남들이 상기시킬 때보다 스스로 알게 될 때 더 크게 느껴진다. 앞에 놓인 상황에 최선을 다해 대처하고 있다는 걸 진심으로 완벽하게 확신할 때 당혹감은 사라진다. 물론 남들의 지적이나 비판 때문에 기분이 상할 수도 있지만 자신을 자랑스럽게 느끼고 받아들이는 경우라면 남들이 보이는 최악의 반응도 그리 힘들게 느껴지지 않는다.

당혹감의 이면에 있는 것이 수치심이다. 이는 당혹감이 자신에 대한 완벽한 비난으로 바뀌어 자신을 무가치한 존재로 볼 때 나타나는 자연스러운 감정이다. 당혹감을 처리하지 못하면 훨씬 더 어두운 다른 감정으로 바뀌게 된다.

질투

*

질투는 다른 감정을 은폐한다. 분노나 판단의 감정, 실제로는 슬픔과 자기 불만의 감정이 질투에 가려진다. 삶에서 진정 무엇을 원하는지 알고 싶다면 당신이 질투하는 사람들을 살펴보라. 그들이 가진 것을 정확히 그대로 원하는 건 아닐 수도 있다. 하지만 당신이 느끼고 있는 감정은 분노다. 당신과 달리 그들은 원하는 것을 추구하고 있다는 사실에 대한 분노 말이다.

다른 사람이 이뤄낸 것을 판단하는 데 질투를 사용한다면 부정적인 태도만 키울 뿐이다. 그러나 우리가 무엇을 이뤄내고 싶은지 파악하는 데 질투를 사용한다면 자기 파괴 행동을 인식하고 진정으로 원하는 일에 뛰어들 준비를 할 수 있다.

이렇게 생각해보자. 진정으로 원하지만 억누르고 있는 것을 이뤄낸 사람을 봤을 때 우리는 자신을 정당화하기 위해 그 사람을 비난하게 된다. 그러나 그런 감정 또는 판단이 들었을 때 우리가 만들어내고 싶은 삶을 찾아낼 기회라 여기면 어떨까.

분개

*

누군가에게 분개하는 일은 상대가 우리 마음속 기대를 충족시키지 못했기 때문에 일어난다. 분개는 투사된 후회라고도 할 수 있다. 우리 자신이 어떻게 바뀌어야 하는지를 남들이 어떻게 바

뛰어야 하는지로 보여주는 것이다. 하지만 남들이 우리 기대에 맞춰 살아야 할 의무는 없다. 남들이 우리 생각에 맞춰 행동하고 사랑을 줘야 한다는 비현실적 기대는 사실 우리의 문제다.

분개를 느낄 때 해야 할 일은 주변 사람들, 우리를 잘못 대했다고 여겨지는 사람들에 대한 이미지를 다시 만드는 것이다. 우리를 완벽하게 사랑해주기 위해 남들이 존재하는 게 아니다. 그들을 그리고 우리 자신을 어떻게 사랑해줘야 하는지 가르쳐주기 위해 여기 있는 것이다.

그들이 어떤 모습이어야 하는지에 관한 생각을 버릴 때 그들이 누구인지, 우리 삶에서 그들이 하는 역할이 무엇인지를 보게 된다. 그들이 어떻게 변해야 하는지 생각하는 대신 우리가 무엇을 배울 수 있을지에 초점을 맞춰라.

후회

*

후회는 질투와 비슷하지만 과거에 했으면 좋았을 것이라 바라는 무언가가 아닌, 앞으로 나아가기 위해 꼭 필요한 무언가를 우리에게 보여준다.

대부분 사람은 했던 일보다는 하지 않았던 일을 더 많이 후회한다. 이는 우연이 아니다. 실제로 후회는 우리가 자신의 기대대로 살지 못해서 기분 상하는 감정이 아니다. 그 기대에 맞춰 앞으로 나아가게끔 동기를 부여하는 감정이다. 미래의 변화를 위해 꼭 필요한 것이 무엇이고 죽기 전에 꼭 해야 할 일이 무엇인지 알려주는 것이다.

어릴 때 여행을 해보지 않았다고? 후회는 지금 당장 여행해야한다고 알려준다. 바라던 만큼 멋진 모습이 아니라고? 후회는 더열심히 노력해야 한다고 알려준다. 최고의 자신을 보여줄 선택을 하지 못했다고? 후회는 이제 다른 선택을 해야 한다고 알려준다. 곁에 있을 때 사랑하지 못했다고? 후회는 지금 곁에 있는사람들을 소중히 여기라고 알려준다.

만성적 두려움

*

계속 두려운 생각이 드는 이유는 진짜 위협에 당면했기 때문이 아니다. 내적 반응 체계가 미숙한 상태이거나 트라우마로 제대로 작동하지 않기 때문이다.

두려움에 사로잡혀 있을 때 문제는 두려움의 대상이 아니다. 이 문제에서 저 문제로 계속 우리를 끌고 다니는 사고의 흐름이 문제다. 진짜 두려움은 숨어 있을 때도 있다. 예를 들어 자신과 삶에 대한 통제력 상실에 대한 두려움이나 외부의 문제로 삶이 크게 뒤바뀌는 것에 대한 두려움은 밖으로 잘 드러나지 않고 다른 두려움으로 대체되는 경우가 많다.

만성적인 두려움chronic fear은 아직 나타나지 않은 위험에 에너지와 주의력을 집중해서 자신을 보호하는 감정이라고 흔히들 생각한다. 불안하거나 걱정스럽거나 화나는 일을 상상하고 나면 그것이 의식에 남아 불시에 놀라지 않게 된다고, 어느 정도 통제할 수 있다고 말이다.

하지만 이렇게 마음속으로 두려운 생각을 유지하는 것은 애초에 두려움이 우리를 통제하는 방식과 똑같다. 그래서 지금 당장의 삶에 문제가 발생한다. 한정된 에너지를 통제권 안의 것들, 즉 삶을 앞으로 나아가게 하는 습관이나 행동, 태도가 아닌 통제 불가능한 것에 쓰기 때문이다.

많은 경우 우리가 두려워하는 대상은 이미 일어난 일의 투사다. 만성적인 두려움에서 벗어나는 유일한 길은 그냥 통과해버리는 것이다. 통제 불가능한 것과 싸우고 저항하고 회피하지 말고 그저 어깨를 으쓱하며 "일어날 일이라면 일어나겠지."라고 말하라. 그렇게 어깨를 으쓱하고 두 손을 들면서 "뭐든 괜찮아."라고 말하는 순간 자신의 모든 힘이 즉각 되돌아온다.

두려워한다는 사실을 인정하면 최악의 결과에 굴복하리라는 생각, 바로 이것이 두려움의 불길을 계속 타오르게 한다. 통제 불가능한 것을 더 이상 두려워하지 않는다면, 부정적이고 비이성적인 사고보다 더 우리 삶을 망가뜨리는 것이 없음을 안다면 우리는 완벽하게 자유로워진다. 온전히 수용하는 자세가 되면 어느새 두려움이 의식에서 사라진다. 그리고 이때가 되면 사실은 자신이 언제나 그런 상태였음을 깨닫는다.

당신의 감정은 옳다

＊

지금 당신을 가장 괴롭히는 것은 당신을 고문하는 외부의 힘이 아니다. 당신의 삶이 어떻게 정착하고 변화해야 하는지 결정하는 당신 자신의 마음이다. 행동하지 않고 버틴다면 사이렌 소리가 점점 커질 것이고 끝내 그 소리를 듣지 못한다면 결국 희생자가 될 수 있다.

답은 당신도 이미 알고 있다. 여기서 무엇을 해야 하는지 알고 있다. 상상하는 것보다 훨씬 행복한 삶을 만들어줄 모든 것을 창조하기 위해 당신은 여기 있다. 다만 고요한 마음을 유지하면서 당신 안의 무한한 잠재력을 느끼기만 하면 될 일이다.

여기까지 읽으며 이미 눈치챘겠지만 사실 자기 파괴는 없다. 자신의 발목을 잡는다고 여겨지는 행동이 실은 욕구를 충족시키기 위해 나타난 행동이기 때문이다. 그러니 떨쳐버리려 애쓰지 말고 욕구의 실체를 파악해 더 건강하고 좋은 방법을 찾아야 한다.

우리가 살아가는 세상은 자립과 자기 충족을 강조한다. 남의 인정과 도움을 필요로 하는 건 독립적이지 않다고 본다. 하지만 이는 인간을 올바로 바라보는 시각이 아니다. 인간의 본성과 유대감을 심각하게 경시하는 것이다.

물론 남에게 너무 많이 기대면서 안정감과 자아 개념을 찾는 이들도 적지 않다. 하지만 반대 방향, 즉 누구도 필요 없이 모든 것을 혼자서 해내야 한다는 것도 건강하지 않기는 마찬가지다. 똑같은 상처라 해도 정반대의 두 가지 모습을 드러낼 수 있다. 즉 자기 불신에서 온 상처일 수도 있고, 연결 능력 결핍에서 온 상처일 수도 있다.

인정받고 싶다는 당신의 욕구는 당연하다.

다른 사람이 옆에 있어주기를 바라는 당신의 욕구는 당연하다.

다른 사람에게 필요한 사람이 되길 바라는 당신의 욕구는 당연하다.

안정감을 느끼고 싶은 당신의 욕구는 당연하다.

우리가 자신의 핵심 욕구를 경시하는 첫 번째 이유는 그런 욕구를 충족시키기에 스스로 미약하다는 생각 때문이다. 어릴 때 욕구 충족을 거의 전적으로 타인에게 의지해야 했던 탓에 갖게 되는 생각이다. 이런 전적인 의존 상태는 결국 끝을 맞이한다. 타인은 우리의 욕구를 전적으로 충족시킬 수도 없고 그럴 의무도 없기 때문이다.

성장하면서 우리는 스스로 욕구를 충족하는 법을 배운다. 자신에게 기대어 기본 욕구를 해결하는 것은 인간의 성장 발달에서 중요한 부분이다. 하지만 모든 욕구를 스스로 충족시킬 수 없다는 점을 인식하는 것 또한 중요하다.

인간은 사람들 그리고 집단과 연결되어 살아가도록 만들어진 존재다. 공동체나 가족과 같은 집단 속에 존재하고 공동의 선에 기여할 때 더 큰 행복과 만족감을 느끼는 이유가 여기 있다. 이 감정은 우리의 기본적이고 건강한 감정이며 나약하다는 표시가 절대로 아니다.

다른 경우를 보자. 경제적으로 안정감을 느끼고 싶다는 마음은 탐욕도, 부정적인 의도도 아닌 건강한 욕구다. 직장에서 인정받고 싶다는 마음은 자신이 쓸모없는 존재여서가 아니라 건강한 욕구다. 마음에 드는 지역과 공간에서 살고 싶다는 것은 현재 가진 것에 불만족해서가 아니라 건강한 욕구다.

잠재의식이 알려주는 감정의 비밀

＊

우리의 자기 파괴 행동 안에는 놀라운 지혜가 들어 있다. 무엇이 어떻게 우리에게 트라우마를 남겼는지 말해주고 나아가 우리가 진정으로 필요로 하는 것을 보여준다. 자기 파괴 행동 하나하나가 비밀의 열쇠다. 제대로 이해만 한다면 말이다. 잠재의식이 행동을 통해 당신과 대화하려 한다는 점을 보여주는 몇 가지 간단한 예를 보자.

자기 파괴 방식: 상처 주는 연인 혹은 친구와의 관계로 자꾸 되돌아간다.

잠재의식이 알려주려는 것: 어린 시절의 인간관계를 재평가해야 할 때다. 상처 주는 사람에게서 편안함이나 매력을 느끼는 이유는 대체로 어린 시절의 경험에 있다.

자기 파괴 방식: 너무 많이 망가져 관계에 헌신할 수 없는 사람에게 매력을 느낀다.

잠재의식이 알려주려는 것: 정말로 당신을 원하는 사람을 찾지 못할 정도로 당신이 망가진 상태는 아니다. 자신도 얼마든지 헌신을 받을 가치가 있음을 깨닫는 순간 그렇게 해줄 상대를 선택하기 시작할 것이다.

자기 파괴 방식: 아무 문제가 없고 원하는 것을 다 누리면서도 불행하다고 느낀다.

잠재의식이 알려주려는 것: 자기 생각이나 관심사를 바꾸기보다 외부에서 만족감을 찾으려는지도 모른다. 외부적인 성취는 지속적이고 진정한 내적 평화를 안겨주지 못한다. 성취와 무관하게 느끼는 불만족이 이를 알려준다.

자기 파괴 방식: 사람들을 밀어낸다.

잠재의식이 알려주려는 것: 당신은 사람들의 사랑과 수용을 너무도 바라는 나머지 스트레스와 고통을 느끼고 이를 회피하다 보니 결국 원치 않는 상황을 만들고 있다. 너무 자주 고독한 시간이 필요하다면 남에게 보여주고 싶은 모습과 실제 모습이 거리가 멀기 때문일 수 있다. 진짜 삶의 모습을 드러낸다면 사람들과 가까이 지내기가 오히려 더 쉬울 것이다.

자기 파괴 방식: 지금 드는 걱정 또는 느낌이 진짜라고 믿는다.
잠재의식이 알려주려는 것: 걱정하는 것이 편안하고 안전하다고 느껴지기 때문에 걱정하는 것이다. 자신을 스쳐 가는 무작위적인 생각과 감정을 맹목적으로 믿을수록 주변에서 일어나는 일들에 휩쓸리기 쉽다. 명료성, 진실, 근거를 바탕으로 판단하는 법을 익히고 도움 되는 것과 아닌 것을 구분할 수 있어야 한다.

자기 파괴 방식: 그리고 싶지 않은데도 엉망으로 식사한다.
잠재의식이 알려주려는 것: 일이 너무 많다는 등의 이유로 자신에게 충분한 휴식과 영양을 주지 않고 있다. 자신을 극한까지 밀어붙이기 때문에 신체가 계속 먹을 것을 요구하는 것이다. 혹은 감정적으로 굶주린 상태일 수도 있다. 원하는 경험을 하지 못하고 있어서 다른 방식으로 굶주림을 채우는 것이다.

자기 파괴 방식: 경력 개발에 도움이 될 일을 하지 않는다.

잠재의식이 알려주려는 것: 자신이 무엇을 하고 싶은지 안다고 생각하지만 정확히는 모르는 것일 수 있다. 상황이 제대로 풀리지 않는다면 이유가 있다. 계속 밀어붙이며 자꾸만 막다른 벽에 부딪히지 말고 한 걸음 물러서자. 자신을 정비하고 어째서 그런 일이 반복되는지 곰곰이 생각할 때다. 동기를 부여하는 문제뿐만 아니라 뭔가를 바꿔야 하는지도 모른다.

자기 파괴 방식: 과로한다.

잠재의식이 알려주려는 것: 자신의 가치를 증명할 필요는 없다. 어쩌면 혼자서 자기감정과 대면하는 불편함을 피하고 있는지도 모른다. 이는 과로의 흔한 이유다. 열정적으로 헌신하는 것과 남들보다 탁월해야 한다고 압박감을 느끼는 것은 다르다. 전자는 건강하지만 후자는 그렇지 않다.

자기 파괴 방식: 남들의 생각에 지나치게 신경 쓴다.

잠재의식이 알려주려는 것: 당신은 생각하는 것만큼 행복하지 않다. 무언가와 관련해 더 행복할수록 남들의 의견이 덜 필요하다. 당신이 훌륭하다고 남들이 생각할지 신경 쓰기보다는 잠시 멈추고 스스로 물어보라. 내 삶은 내게 충분한가? 남들의 시선을 통하지 않고 내 삶을 바라봤을 때 어떤 느낌이 드는가?

자기 파괴 방식: 돈을 너무 많이 쓴다.

잠재의식이 알려주려는 것: 물건은 더 큰 안정감을 주지 못한다. 새로운 삶이나 정체성으로 가는 길을 돈 주고 살 수는 없다. 분수에 넘치게 돈을 써서 문제가 되는 수준이라면 쇼핑이 어떤 기능을 하고 있는지 살펴봐야 한다. 기분 전환인가, 취미 대용인가, 소비를 통해 자신이 새로워졌다는 느낌을 받고 싶어서인가? 당신이 정말로 원하는 것이 무엇인지 파악하고 돈 쓰기에서 빠져나와라.

자기 파괴 방식: 이미 끝난 관계에 집착하거나 예전 연인의 상황을 계속 확인한다.

잠재의식이 알려주려는 것: 과거의 관계가 생각보다 훨씬 큰 영향을 미치고 있다. 관계의 종말이 스스로 생각하는 것보다 큰 상처를 남겼고 이를 처리해야 한다는 신호다. 상대의 근황에 계속 신경 쓴다는 것은 그 관계에서 해결되지 않은 점이 남았다는 뜻이므로 무언가의 종료 혹은 수용이 필요할 수 있다.

자기 파괴 방식: 늘 자기보다 못하다고 느껴지는 친구를 선택하고 사귄다.

잠재의식이 알려주려는 것: 상대보다 낫다고 느끼고 싶은 욕구는 상대와 연결되고 싶은 욕구를 대체해주지 않는다. 그렇지만 우리는 종종 그렇게 행동한다. 우리는 실제로 우월해지고 싶어서가 아니라 가치 있고 소중한 존재로 보이고 싶어 그렇게 한다. 상대에게 열등감을 느끼게 해서는 우리가 바라는 진정한 연결과 인정을 얻을 수 없다.

자기 파괴 방식: 자기 파괴적인 생각을 해서 원하는 일을 하지 못한다.

잠재의식이 알려주려는 것: 자신을 부정하는 편이 남들의 비판이나 거부보다 상처를 덜 주기 때문에 이런 대처 메커니즘을 사용하는 것이다. 자신을 나쁘게 생각할수록 정말로 두려운 것, 즉 남들의 나쁜 평가에 둔감해질 수 있다. 하지만 동시에 당신은 자신의 적이자 악당이 되어버린다. 다른 누구도 하지 못할 만큼 현실적인 비판이 가능하니 말이다. 결국 당신은 꿈, 야망, 개인적인 행복 추구를 중단한다.

자신을 부정하고 비난하는 생각, 즉 자신에게 해로운 생각에 사로잡힐 때 이런 일이 벌어진다는 사실을 깨달아야 한다. 한시라도 빨리 거기서 빠져나와야 할 때다.

자기 파괴 방식: 더 나은 방식, 더 잘될 수 있는 방식으로 업무를 수행하지 않는다.

잠재의식이 알려주려는 것: 당신은 최선을 다해 일하지 않고 있으며 당신 자신도 그 사실을 안다. 당신의 발목을 잡는 것은 비난받을 것에 대한 두려움이다. 하지만 당신이 자신을 비난하지 않는다면 남의 비난은 없을지도 모른다. 자랑스럽게 공유할 만한 것을 창조하고 긍정적인 방식으로 퍼뜨려 비즈니스를 키우거나 경력을 쌓아라. 그러면 자신이 최선을 다해 일하고 있음을 알게 될 것이다.

자기 파괴 방식: 온갖 일을 자신과 연결해서 걱정하고 의도를 고민한다.

잠재의식이 알려주려는 것: 당신은 자신에 대해 너무 자주 생각한다. 세상은 당신을 중심으로 돌아가지 않으며 남들의 생각을 중심으로 돌아가지도 않는다. 당신이 자기 생각을 하듯 남들도 자기들 생각을 하느라 바쁘다. 생각이 행동으로 드러난다는 점을 기억하라. 도로에서 다른 차가 당신의 차 앞에 끼어들 때마다 그 차가 일부러 당신을 공격하려고 끼어들었다고 생각한다면 결국 스스로 발목을 잡는 것이다. 늘 무언가의 희생자가 되니 말이다.

자기 파괴 방식: 싫다고 공공연히 말하면서도 살고 있는 도시 또는 마을에 그대로 머문다.

잠재의식이 알려주려는 것: 고향은 발견하는 것이 아니라 만드는 것이다. 이사 갈 수 없는 상황인가, 아니면 그저 마음을 먹지 못하는 것인가? 한 장소에 머물 때는 이유가 있는 법이다. 좋아하는 점이 있거나 계속 머무르고 싶다는 마음이 있기 때문이다. 남들 눈에 좋고 멋진 장소로 보이지 않을 수 있다고 생각할 때 저항이 일어난다. 더 발전하지 못했다고 평가받을 것이 두려울 수도 있다. 사실 평가하는 사람은 당신 자신인데도 말이다. 당신이 살고자 선택한 장소에 자부심을 갖고 마음을 편하게 먹어도 좋다.

자기 파괴 방식: 짬이 날 때 별생각 없이 SNS에 빠진다.

잠재의식이 알려주려는 것: 자신을 마비시키는 가장 편한 방법이다. 접근이 쉽고 중독적이기 때문이다. 소셜 미디어를 건강하게 사용하는 것과 대처 메커니즘으로 삼는 것은 하늘과 땅 차이다. SNS에서 나온 후 어떤 느낌인지가 중요하다. 영감을 얻거나 휴식했다는 느낌으로 스마트폰을 내려놓을 수 없다면 내면에 불편함이 있다는 뜻이다. 이 불편함은 변화해야 한다는 걸 알려준다.

감정의 신호에 귀 기울이기

*

이제 마음이 알려주는 단서에 주의를 기울이기 시작했으니 그 소리를 어떻게 듣고, 어떻게 대답할지 생각해야 한다. 지금 당신의 상황은 당신의 욕구를 이해하고 충족시킬 방법을 모르기 때문에 빚어진 것이다. 자신의 선택과 행동이 패턴이 되어 반복되기를 원하지 않는다면 감정을 실시간으로 해석하고 처리할 방법을 배워야 한다. 그러려면 감정 지능을 개발해야 하는데 이에 대해서는 다음 장에서 본격적으로 다룰 것이다. 여기서는 일단 우리의 본능에 귀 기울이는 방법에 대해 살펴보도록 하자.

내면의 목소리에 귀 기울인다면
인생이라는 산을 넘어설 수 있다

미래를 두려워하지 않고 직감을 따르는 법

✳

현대의 지혜 중 가장 핵심적인 교리 중 하나가 자신의 내면으로 깊숙이 들어가면 삶의 모든 진실과 미래를 알게 된다는 것이다. 자신의 삶을 예언할 수 있으며 현재의 감정이 곧 일어날 일까지 알려준다고 한다. 이런 믿음을 무조건 비난할 수는 없다. 두뇌와 몸의 상호 연결을 증명하는 연구는 넘치도록 많다. 논리에 앞서 본능적 직감이 먼저 생겨나는 이유가 여기 있다.

우리의 소화기관은 제2의 두뇌처럼 기능하는데 종종 그동안 쌓아놓은 정보를 의식보다 더 빨리 떠올린다. 믿기 어려운 이 능력 덕분에 본능은 거의 늘 정확하다.

그러나 아무리 뛰어나다 해도 직감은 초능력이 아니다.

자신에게 더 집중하고 싶다면, 마음과 열정과 영혼을 따르고 싶다면 직감이 현재 일어나는 상황에만 반응한다는 것을 제일 먼저 이해해야 한다. 미래 사건에 대해 직감이 있다면 그건 그저 투사일 뿐이다.

바로 여기서부터 직감을 무너뜨릴 수 있다. 당신의 반응은 앞에 있는 사람에 대한 것인가, 그 사람과 관련된 머릿속 생각에 대한 것인가? 현재 벌어지는 상황에 대한 것인가, 어떻게 될 것이라는 짐작에 대한 것인가? 당신의 감정은 지금 당장 일어나는 일에 대한 것인가, 미래에 일어날 수 있는 희망이나 두려움에 대한 것인가?

현재에 대해서만 작동한다는 점을 제외하면 직감 역시 고요하다. 내면의 '작은 목소리'는 정말로 그렇게 작다. 직감은 비명을 지르지 않는다. 패닉에 빠지지도 않는다. 온몸에 아드레날린을 분비해 뭔가에 집중하도록 만들어주지 않는다. 심지어 화를 내지도 않는다. 직감은 가장 어두운 순간에 당신을 넘어서는 명료함의 파도다. 그 안에서 '다 괜찮아질 거야. 생각만큼 최악은 아니고 다 괜찮아.'라고 말해주는 것이다.

직감은 상황을 좋게 만드는 방향으로 움직이는 반면 상상은 상황을 악화시키기 일쑤다. 하지만 두 느낌을 구분하기는 쉽지 않다. 무엇이 직감이고, 무엇이 두려움이나 의혹이며 나 자신을 제한하는 믿음일까? 어떻게 구분할 수 있을까?

누군가와 함께 시간을 보낸 후 기운이 다 빠지고 다시는 만나고 싶지 않은 느낌이라면 그것은 직감이다. 원치 않고 강요된 일로 지쳐버렸다면 그 또한 직감이다. 직감은 느낌이 아니다(오늘

슬픈 '감'이 든다고 말하지는 않으니 말이다). 직감은 생각할 필요도 없이 신속하게 당신을 해로운 상황에서 구해낸다.

느낌은 아무리 진실해도 사실이 아닐 때가 많다는 점을 기억하라. 느낌이 현실을 정확하게 반영하지는 못한다. 다만 우리 생각을 정확하게 반영한다. 생각이 느낌을 좌우하는 것이다. 하지만 생각이 직감을 바꾸지는 않는다. 선천적으로 직감이 더 발달하기도 하고 직감이 거의 발휘되지 못하기도 한다. 직감은 느낌이나 해석의 문제가 아니다. 그저 자연스럽게 주어지는 것이다.

직감을 통해 원하는 삶을 살게 되었다는 말은 그 미묘한 감에 복종해 더 좋은 느낌이 드는 방향으로 갔다는 뜻이다. 직감은 우리를 앞으로 나아가게도 하지만 때로는 불편함과 저항을 일으키기도 한다. 때로 직감은 어려운 상황에서도 인간관계를 지속하게 만든다.

직감은 당신을 종일 편안하고 황홀하게 만들어주지 않는다. 당신의 흥미와 재능, 욕망이 교차하는 지점을 가리켜 당신이 가야 할 방향으로 가도록 해준다.

직감과 두려움은 똑같이 느껴질 수 있다

직감을 믿으라고 해서 마치 신탁처럼 여기라는 말은 아니다.

✦
직감은 가장 어두운 순간에
작고 또렷한 목소리로 나를 구해낸다

그러다가는 문제가 발생한다. 맹목적으로 모든 느낌을 믿을 뿐 아니라 느껴지는 모든 것이 앞일을 보여준다는 식으로 미래 의미까지 부여하기 때문이다. 이런 일은 왜, 어떻게 일어나는 걸까? 이런 일로 삶을 망치지 않을 방법은 무엇일까?

느낌은 올바른 결정 방향을 알려주지 않는다.

올바른 결정이 올바른 느낌을 만든다.

느낌은 인생에서 당신을 안내하는 존재가 아니다. 그런 존재는 마음이다.

모든 충동을 다 따른다면 얼마 안 가 사방이 꽉 막혀버려 죽거나 최소한 심각한 어려움에 빠진다. 그렇게 되지 않는 이유는 두 뇌가 개입해 장기적으로 경험하고자 하는 것을 반영하면서 선택을 내리도록 인도하기 때문이다.

명료함, 고요함, 건강함, 목적성을 높이는 행동을 매일 반복하면 삶에서 더 많은 평화와 기쁨을 느낀다. 삶의 주인으로 살고 싶다면 느낌을 조직하는 법을 배워야 한다. 느낌을 인식하면 그 느낌을 촉발한 사고 과정을 추적할 수 있고 거기서부터 그 생각이 진짜 위협인지 걱정인지, 아니면 그저 생존을 유지하려는 파충류의 뇌가 작동한 것인지 알게 된다.

기억하라. 두뇌는 자연이 만든 것이다. 우리의 몸은 야생에서 생존하도록 설계되었다. 동물적인 모습으로 고도의 문명화된 세상을 헤쳐나가야 한다. 그러니 어떤 충동이 들 때 그저 그러려니 하라. 동시에 선택은 어디까지나 자기 몫이라는 점을 기억하라. 무언가 느끼더라도 그 느낌대로 행동하지 않을 수도 있다.

왜 '직감을 따르라'고 말하는가

직감은 신체와 깊이 연관된다. 소화기관은 두뇌의 세로토닌 생성과 생리적으로 연결되어 있으며 미주신경vagus nerve은 장에서 시작되어 머리로 이어지는 소통 채널이다.[6] 위장과 마음의 연결 관계는 '배짱이 두둑하다', '속이 속이 아니다', '복장이 터진다', '속이 부글부글하다' 같은 말 표현에서도 볼 수 있다.

다만 그 직감이 당장 그 순간 일어나는 일과 관련되었다는 점은 놓치기 쉽다. 미래는 아직 존재하지 않기에 직감이 작용하지 않는다. 두려움을 바탕으로 혹은 기억 반응을 투사해 미래를 예상할 수 있을 뿐이다. 누군가에 대한 직감이 있다면 그건 만나보거나 이야기를 해본 뒤에 드는 직감이다. 어떤 일이 자신과 맞는지 아닌지는 얼마간 해본 이후에나 알 수 있다.

그러나 우리는 직감을 미래 예측 메커니즘으로, 미래의 고통을 피하고 즐거움을 추구하도록 우리 몸을 움직이는 두뇌의 창조적 방식으로 사용하려고 한다. 현실은 전혀 그렇지 않다. 무엇이 진짜 반응이고 무엇이 투사인지 구분하지 않고 모든 느낌을 믿어버리면 난관에 봉착할 수밖에 없다.

직감과 공포 구분하기

*

일단 직감이 현재의 우리에게 큰 도움을 준다는 점을 이해해야 한다. 무언가에 대한 첫 반응이 가장 현명한 반응일 가능성이 큰 이유는 두뇌가 나서기에 앞서 신체가 모든 잠재의식 정보를 총동원해 활용하기 때문이다.

바로 지금, 바로 여기서 무엇이 진실인지 스스로 물어봄으로써 직감을 활용할 수 있다. 지금 함께 있는 사람, 지금 하는 행동은 진짜인가? 무언가를 하는 순간 직감은 무엇을 알려주는가? 그저 상상하고 추측할 때 생각하거나 느끼던 것과 다른가? 이런 투사는 대개 공포에 기반하는 반면 현재의 반응은 솔직한 직감이기 쉽다.

솔직한 직감 본능이 패닉 상태를 불러오지는 않는다. 직감은 이건 아니라고 말할 때도 늘 부드럽고 조심스럽다. 누군가를 만나지 말라고, 어떤 행동에 끼지 말라고 말해주려 할 때도 차분하다. 내면의 '작은 목소리'라고 부르는 이유가 여기 있다. 그래서 놓치기도 쉽고 다른 소리로 덮어버리기도 쉽다.

직감적 사고 vs 방해꾼 사고

＊

내면의 목소리에 귀를 기울이기 시작할 즈음에는 직감적 사고 intuitive nurge 와 방해꾼 사고 intrusive thouhgt 를 구분하기가 어려울 수 있다. 둘은 순간 반사적으로 나타나서 이전에 보지 못했던 통찰력을 제공한다는 점은 같지만 나타난 원인과 결과는 크게 다르다. 직감이 만든 생각과 두려움이 만든 생각의 차이를 살펴보자.

직감적 사고는 고요하다. 방해꾼 사고는 소란스럽고 두려움을 유발한다.

직감적 사고는 논리적, 이성적이다. 방해꾼 사고는 비이성적이고 종종 상황을 과장하거나 최악의 결론으로 튀기 일쑤다.

직감적 사고는 현재의 당신을 돕는다. 더 좋은 의사결정이 가능하도록 정보를 제공한다. 방해꾼 사고는 무작위적으로 나타나며 현재 벌어지는 일과 관련 없이 나타나기도 한다.

직감적 사고는 조용하지만 방해꾼 사고는 시끄러워 다른 소리를 듣지 못하게 한다.

직감적 사고는 한두 번 찾아올 뿐이고 이해한다는 느낌을 끌어낸다. 방해꾼 사고는 집요하며 패닉에 빠진 느낌을 준다.

직감적 사고는 사랑의 소리처럼 들리지만 방해꾼 사고는 공포를 자아내는 소리다.

직감적 사고는 불현듯 나타나지만 방해꾼 사고는 외적 요인으로 유발된다.

직감적 사고는 처리할 필요가 없다. 나타났다가 사라지기 때문이다. 방해꾼 사고는 소용돌이처럼 온갖 생각과 공포를 불러일으켜 멈추기가 불가능하다.

직감적 사고가 반가운 말을 해주지 않는다고 해도 패닉 상태가 되지는 않는다. 슬픔이나 실망을 느낄 수는 있어도 불안에 압도되지 않는다. 그러나 느낌을 어떻게 처리해야 할지 모를 때 패닉에 빠진다. 방해꾼 사고가 떠오를 때가 그렇다.

직감적 사고는 다른 가능성에 마음을 열게 해준다. 방해꾼 사고는 마음을 닫아버려 갇힌 느낌과 비난받는 느낌을 안겨준다.

직감적 사고는 자아가 가장 좋은 상태일 때 나오지만 방해꾼 사고는 자아가 공포에 질려 작아졌을 때 나온다.

직감적 사고는 문제를 해결하지만 방해꾼 사고는 문제를 만들어낸다.

직감적 사고는 남을 돕도록 이끈다. 방해꾼 사고는 '나 vs 그들' 식으로 생각하게 한다.

직감적 사고는 생각하고 느끼는 대상을 이해하도록 도와준다. 방해꾼 사고는 남의 생각과 느낌을 멋대로 가정한다.

직감적 사고는 이성적이지만 방해꾼 사고는 비이성적이다.

직감적 사고는 내면의 깊숙한 곳에서 나와 깊숙한 느낌을 안겨주지만 방해꾼 사고는 머릿속이 꽉 막히는 패닉을 유발한다.

직감적 사고는 대응하는 법을 보여준다. 방해꾼 사고는 반응하라고 요구한다.

원하는 것을 알아야 자신을 제대로 돌볼 수 있다

＊

자기 돌봄이란 지금 당면한 문제를 해결하기 위해 행동하기보다 그 문제를 일단 회피하는 행동까지 포함하는 넓은 의미로 쓰이곤 한다. 하지만 진정한 자기 돌봄은 자신의 욕구를 충족시키는 가장 근본적인 행동을 말한다.

우리에게는 기본적인 안전 욕구 외에 영양 공급, 숙면, 깨끗한 환경의 삶, 적절한 옷차림, 비판이나 억압에 시달리지 않는 생활 등의 욕구도 존재한다. 이 욕구들을 스스로 충족시킬 방법을 찾아야 자기 파괴를 극복하기 시작할 수 있다.

밤에 잠을 잘 잤다면 운동하려는 의지가 훨씬 많이 생길 것이다. 등 통증에 시달리면서도 일을 해야 한다면 긍정적인 생각을 하기는 힘들다. 교정을 받거나 마사지 치료를 받으며 휴식을 취해야만 일에 대해 긍정적으로 느낄 여유가 생긴다. 집이 정돈되면 집에서 보내는 시간이 더 즐거울 것이다. 자신을 보살필 시간을 낼 수 있다면 매일 더 기분 좋게 지낼 수 있을 것이다.

이런 것들은 사소하지 않다. 아주 중요한 일이다. 그저 매일 하는 일이라는 이유로 그 영향력을 미처 보지 못할 뿐이다. 자신의 욕구를 이해하고 책임 있게 충족시킨다면, 남들과 어울리면서 연결의 욕구까지 채워간다면 자기 파괴의 악순환을 끊고 더 건강하고 균형 잡힌 삶을 살 수 있을 것이다.

제4장

나를 강하게 만드는
'감정 지능' 쌓기 연습

자기 파괴는 궁극적으로 감정 지능이 낮아서 빚어진 일이다. 건강하고 생산적이며 안정된 삶을 살기 위해서는 뇌와 신체가 협력하는 방법을 이해해야 한다. 감정을 어떻게 해석할지, 서로 다른 감정이 무엇을 의미하는지, 거대하게 압도해오는 느낌을 마주하고 당황스러울 때 어떻게 해야 할지 이해해야 한다.

　감정 지능 중에서도 여기서는 자기 파괴와 관련된 측면들을 집중해서 살펴볼 것이다. 감정 지능에 관한 연구는 전 세계적으로 꾸준히 증가하는 추세다.

감정 지능이란 무엇인가

❋

감정 지능은 성숙하고 건강한 방식으로 자기감정을 이해하고 해석하고 대응하는 능력이다. 감정 지능이 높은 사람은 다양한 유형의 사람들과 잘 지내고 자신의 삶에 만족하며 솔직하게 감정을 처리하고 표현하는 데 시간을 할애한다.

많은 경우 감정 지능은 신체가 느끼는 감각을 해석해서 그 감각이 자신의 삶에 대해 말해주려는 메시지를 이해하는 능력이다. 자기 파괴는 이런 감정 지능이 부재할 때 나타난다. 자신을 이해하지 못하면 결국 길을 잃어버릴 수밖에 없기 때문이다. 때로 우리를 막다른 곳에 가두기도 하는 뇌와 신체의 이런 상호작용은 아직 충분히 밝혀지지 않았다.

뇌는 본능적으로 가장 원하는 것을 밀어낸다

❋

우리가 원하는 것을 얻을 때 뇌에서는 매우 흥미로운 일이 일어난다. 이루고 싶은 목표를 떠올릴 때 우리는 그 목표가 삶의 질을 높여줄 것이라고, 목표에 도달하면 드디어 안정되리라고 기대한다. 그러면 고생도 끝이고 편안히 지내면 된다고 말이다. 하지만 그런 일은 일어나지 않는다.

원하는 것을 얻으면 즉시 더 많은 것을 원하기 시작한다는 게 우리의 신경학적 특징이다. 욕망과 성취를 이끄는 힘으로 알려진 도파민의 특성에 관한 새로운 연구를 살펴보면 이 화학 물질의 작용이 생각보다 훨씬 복잡하다는 사실을 알 수 있다.

대니얼 리버먼Daniel Lieberman의 《도파민형 인간》은 우리가 간절히 욕망하던 무언가를 획득하고 나면 곧 도파민 분비가 급감한다는 호르몬 연구 결과를 소개한다. 결국 도파민은 기쁨을 주는 화학 물질이 아니라 더 많이 원하는 기쁨을 주는 화학 물질이라고 하는 편이 더 정확하다고 하겠다.[7]

자, 그렇다면 당신은 지금 어떤 목표를 추구하고 있는가? 그 목표에 도달하면 또 다른 산이 등장할 것이다. 간절히 원하는 것 앞에서 고개를 돌리는 이유도 이 때문이다. 목표를 달성하면 치열한 삶에서 벗어나는 게 아니라 더 배고파진다는 걸 본능적으로 알기에 도전하고 싶지 않은 것이다.

이런 식으로 해로운 신경적 편향들이 쌓이다 보면 우리는 간절히 원하는 대상을 비판하고 부정할 뿐 아니라 비난하기 시작한다. 그래서 간절히 원하는 목표가 생겨났을 때 오히려 그 목표를 이루기 위해 꼭 필요한 일을 거부하게 된다. 성취하지 못할까 봐 너무도 두려운 나머지 실패할 여지가 조금만 있어도 노력을 거두고 바짝 긴장하는 것이다.

원하는 것을 얻지 못한 채 오래 지내다 보면 원하는 것을 얻는 건 나쁜 일이라는 잠재의식의 연결이 만들어진다. 그래서 원하는 것을 얻은 사람들을 비난하고 심지어 원하는 것을 얻게 되어도 두려운 나머지 밀어내기도 한다. 고통을 가져올 수 있는 싹 자체를 잘라내려는 듯이 말이다. '갖고 싶은' 마음에 너무 깊숙이 파묻혀 정작 '가진' 현실로 나아가지 못하는 것이다.

무언가를 정말로 간절히 원할 때 우리는 비현실적인 기대를 품곤 한다. 원하는 것을 얻으면 삶 자체가 완전히 달라질 거라고 상상한다. 하지만 대개는 그렇게 되지 않는다. 비현실적인 방식으로 우리를 구원해줄 목표나 삶의 변화를 기대하다가 사소한 실패라도 생기면 바로 시도를 중단해버린다.

예를 들어 연인이 생기면 지금의 좌절감이 싹 날아갈 것이라고 기대하면 거부당하는 것에 극도로 민감해진다. 거부당했다가는 좌절감을 극복할 수 없다고 생각하기 때문이다. 여기서 문제는 데이트가 시행착오의 과정이라는 점이다. 승리하려면 먼저 실패해야만 하는 것이다.

원하는 것, 이를테면 연인이 없이 시간을 보낼 때면 우리 뇌는 자기 보호를 위해 우리의 삶을 정당화하고 인정하려 한다. 그래서 자신이 원하는 것을 이미 가진 사람을 무의식적으로 비난하게 된다. 그 사람의 성공에서 자극을 받는 게 아니라 의심의 눈초리로 바라보는 것이다. 남의 행복을 시기하는 나머지 뭔가 문제가 있으리라, 진짜가 아니리라, 결국에는 나쁜 결말을 맞이하리라 생각하며 결국은 연인과의 관계 자체에 회의를 느끼게 된다.

오랫동안 이런 믿음에 사로잡혀 있다면 정말로 연애를 하게 되었을 때 어떤 일이 벌어질까? 관계에 대해 의심하고 결국 실패로 끝날 것이라 생각한다. 다가오는 상대를 밀어내거나 기회가 다가왔을 때 포기하는 경우가 바로 이런 상황이다. 잃을까 봐 두려운 나머지 자기 보호를 위해 그냥 내쳐버리는 것이다.

이제는 삶에서 이토록 큰 저항을 일으키는 잘못된 믿음을 돌파하겠다고, 그래서 간절히 원하는 삶으로 나아가는 문을 열겠다고 다짐하자. 다음 단계는 가장 어려운 마지막 과업인 '생존 모드'에서 '번영 모드'로의 전환이다.

인생 대부분을 그럭저럭 버티기로 일관해왔다면 편안한 마음으로 즐기면서 사는 방법을 모를 것이다. 저항하고 죄의식을 느끼며 책임을 과도하게 인식하거나 너무 경시하게 된다. 머릿속으로 힘들었던 세월과 완벽한 휴식의 세월 사이에 균형을 맞추려 한다. 현실은 그렇게 되지 않는데도 말이다.

'갖고 싶은' 마음에 너무 깊이 빠져버리면 '가진' 현실에 적응하기가 극도로 어려워진다. 어떤 변화든, 아무리 긍정적 변화라고 해도 익숙해지기까지 불편한 이유가 바로 이 때문이다. 이런 식의 자기 검열이 과도하게 이뤄진다는 사실을 인정하기는 힘들다. 그래서 우리는 나름의 자부심을 키워간다. 남들을 부러워하는 이유가 자신의 깊숙한 욕망, 자신에게 허락하지 못하는 그 욕망 때문이라는 것을 인정하기는 더더욱 힘들다.

그렇다. 우리 뇌는 더 큰 것을 더 많이 바라게끔 만들어졌다. 이런 경향과 과정을 이해해야만 뇌의 본능을 이겨내고 삶을 주체적으로 이끌 수 있다.

안전지대에서 벗어나라

＊

뇌는 당신의 삶을 강화하고 규칙화하도록 되어 있다. 그래서 우리의 잠재의식에는 항상성 충동Homeostatic Impulse이 작용해 체온, 심박수, 호흡수를 통제한다. 이 항상성 충동에 대해 세계적인 동기부여 전문가인 브라이언 트레이시Brian Tracy는 "자동적인 신경 체계(항상성 충동)가 수십억 개 세포 안에서 수백 개 화학 물질의 균형을 유지해 대부분 시간 동안 신체가 완벽한 균형을 이루도록 한다."라고 설명한다.[8]

하지만 뇌가 신체를 통제하는 동시에 정신도 통제하려 한다는 점은 많은 사람이 알지 못한다. 마음은 정보와 자극을 계속 걸러내서 기존의 믿음을 강화하고(심리학에서는 '확증 편향'이라고 부른다) 과거의 행동을 반복하도록 우리를 조종한다. 즉 잠재의식이 안전지대의 문지기 역할을 담당하는 것이다.

그런데 최고의 성공과 행복, 치유와 온전함을 이끄는 행동 습관을 만드는 것 역시 잠재의식이다. 따라서 삶에서 치유와 변화의 과정을 거치려고 한다면 일단 신체가 새로운 상태에 적응하도록 만들어야 한다. 모든 변화가 그렇지만 좋은 변화 또한 익숙해지기까지는 불편하기 때문이다. 그래서 우리는 자기 파괴적 습관의 악순환에 머무르기 쉽다. 이 악순환은 편안하게 느껴지지만 우리에게 좋은 것이 아니다.

편한 것과 좋은 것을 구분할 수 있어야 한다. 어디로 가고 싶은지, 무엇을 원하는지 지혜롭게 판단해 신체가 서서히 적응하도록 해야 한다. 느낌에 의존해 살아갈 수는 없다. 감정은 일시적이며 늘 현실을 반영하지는 않는다.

모든 건 한 번에 바뀌지 않는다

*

챗바퀴 돌듯 매일 똑같은 삶을 살고 있다면 아마도 인생의 빅뱅, 즉 돌파구를 기다리기 때문일 것이다. 모든 두려움이 사라지고 명료하게 극복되는 순간, 바라왔던 일이 아무 노력 없이 저절로 이루어지는 순간, 현 상태에서 완전히 새로운 존재로 변신하는 순간 말이다. 그러나 그런 순간은 영원히 오지 않는다.

돌파구는 갑자기 나타나지 않으며 다수의 임계점들이 있을 뿐이다. 마음의 변두리에 있는 생각이 갑자기 관심의 초점이 될 때 깨달음이 찾아온다. 평생 들어온 조언이 마침내 이해되는 순간, 오랫동안 한 가지 행동을 반복해서 제2의 본성이 되는 순간이 그렇다.

인생을 바꾸는 것은 갑자기 마음을 사로잡으며 휘몰아치는 거대한 돌파구가 아니다. 사소한 전환이다. 작가이자 미디어 전략가인 라이언 홀리데이Ryan Holiday는 갑작스런 깨달음(환희)Epiphany이 인생을 바꿔주지 못한다고 말했다.[9] 지속적인 변화를 유지하는 비결은 극적인 행동이 아니라 습관 바꾸기다. 이는 과학철학자 토머스 쿤Thomas Kuhn이 말한 '패러다임 전환'과도 맥을 같이한다. 쿤은 우리의 삶이 순간의 섬광 속에서 변화하는 것이 아니며 기존의 가정들이 계속 뒤집히고 새로운 설명이 나타나는 느린 과정을 통해 변화한다고 했다. 사소한 전환들이 일어나고 서서히 돌파구가 모습을 드러내는 변화의 과정도 이와 같다.

사소한 전환을 당신의 일상 속 변화를 차근차근 쌓아가는 벽돌 같은 것이라고 생각하라. 예를 들면 한 번의 식사에서 한 가지 음식을 딱 한 번 바꿔보는 것이다. 그다음에 두 번, 세 번 반복하면 된다. 그러다 보면 스스로 깨닫기도 전에 행동이 조정된다.

매일 당신이 하는 행동이 삶의 질과 성공의 크기를 결정한다. 일하면서 어떤 느낌을 받느냐가 아니라 어떤 느낌이 들든 그 일을 하느냐 아니냐가 중요하다. 인생의 결과는 열정이 아니라 원칙에 좌우되기 때문에 그렇다.

아침에 했던 일이 얼마나 중요하냐고 할지 모르지만 매우 중요하다. 사소한 것들이 쌓일 성싶지 않지만 쌓여간다. 이런 오래된 이야기도 있지 않은가. 오늘 당장 100만 달러를 받겠는가, 다음 한 달 동안 매일 두 배로 불어나는 1페니를 받겠는가? 100만 달러를 준다니 당장 손을 내밀고 싶은가? 하지만 31일이 지나고 나면 1페니가 1,000만 달러 넘게 불어난다.

단숨에 대폭 변화하는 것은 우리가 결함도 많고 부족한 존재임을 고려했을 때 어렵지 않은 일 같다. 하지만 우리가 안전지대 바깥으로 나가기 어려운 존재라는 점을 고려한다면 무척 어려운 일이다. 인생을 바꾸고 싶다면 너무 사소해서 보이지 않을 정도로 작은 의사결정을 매일, 매시간 내리고 습관화해야 한다. 그다음에는 그저 계속하면 된다.

스마트폰에 매달려 있는 시간을 줄이고 싶다면 오늘 스마트폰 들여다보는 일을 딱 한 번만 참아보라. 더 건강하게 먹고 싶다면 오늘 물 반 컵만 더 마셔보라. 더 많이 자고 싶다면 어제보다 오늘 10분만 일찍 잠자리에 들어가라. 더 많이 운동하고 싶다면 딱 10분만 더 하라. 책을 읽고 싶다면 딱 한 페이지만 읽어라. 명상을 하고 싶다면 딱 30초만 하라.

그리고 그 행동을 유지하라. 매일 그 행동을 하는 것이다. 스마트폰을 확인하지 않는 생활에 익숙해질 것이다. 물을 더 마시고 싶어지고 실제로 더 많이 마실 것이다. 10분을 뛰고 난 뒤 멈춰야겠다는 생각이 들지 않으면 더 뛸 것이다. 책을 한 페이지 읽다 보면 흥미가 생겨 계속 읽을 것이다.

우리의 본능적이고 생리적인 수준에서 '변화'는 위험한 것, 때로 생명을 위협하는 것이다. 그러니 우리가 주위에 창살을 치고 그 안에 머무르는 것도 놀랄 일이 아니다. 자물쇠도 없는 감옥에 갇혀 있는 격이다. 새로운 삶으로 단번에 옮겨 가서 자신에게 충격을 주는 식으로는 변화할 수 없다. 지금까지 당신이 성공하지 못했던 이유가 거기 있다.

변화를 시작하겠다는 마음이 들 때까지 기다릴 필요는 없다. 한 번에 하나씩 사소한 전환을 해나가면 된다. 그리고 에너지와 관성이 생겨나도록 하라.

달라지길 원한다면 인생의 운전대를 잡아라

✳

당신 삶의 최대 적은 당신의 두뇌인가?

스트레스의 핵심에 비이성적 공포가 자리 잡고 있는가?

문제를 파악했다고 생각했고 해결하는 듯했다가 과잉 반응, 과잉 사고를 거쳐 파국에 이른 적이 있는가?

'그렇다'라는 답이 나왔다면 축하할 일이다. 당신은 자기 인식을 하는 사람이다. 남들과 다를 바 없는 사람이다.

잠재의식 속에서 늘 자신의 삶을 살펴보며 다음번에 걱정할 일, 다음번에 닥쳐올 위협이 무엇인지 찾으려 하는가? 우리가 가장 두려워하는 건 통제 불가능하고 발생 확률이 희박한 위협이다. 얼마든지 일어날 수 있는 위협이라면 두려워할 필요 없이 대처하면 된다. 그러나 우리의 마음은 통제 불가능한 한 가지 위협을 넘어 통제 불가능하고 발생 확률이 희박한 사소한 위협까지 찾아내기 때문에 불안이 생겨난다.

우리의 마음은 대체 왜 이렇게 움직일까?

가진 것, 누리는 것을 그저 즐기면 안 되는 걸까?

어느 정도까지는 그럴 수 있다. 하지만 우리의 마음은 고난을 먹고 자란다. 그렇기에 본능적으로 계속 문제를 만들어낸다. 눈앞에 보이는 실제 문제가 아니라도 상관없다.

인간의 마음은 고난을 통해 점점 더 성장하는 특성이 있다. 바위가 압력을 받으면서 다이아몬드가 되고 면역 체계가 세균에 반복 노출되면서 강해지듯 마음도 자극이 필요하다. 삶에서 어떤 도전도 넘어서길 거부한다면 뇌가 나서서 극복해야 할 문제를 만들어낸다. 다만 이런 경우 최종적으로 주어지는 보상이 없다. 그저 남은 생 내내 발버둥질하며 싸울 뿐이다.

행복에 집착하며 불안을 일으키는 모든 것을 차단하는 문화 속에서 살고 있다면, 삶은 기본적으로 좋은 것이며 우리 앞에 펼

쳐진 도전은 운명의 실수라고 생각한다면 우리의 정신은 쉽게 나약해진다. 어떤 고난이든 예방하려 한다면 불안과 패닉, 혼돈에 더욱 취약해질 수밖에 없다.

마음속에서 계속 문제를 만들어내는 사람들은 자신의 삶을 창의적으로 만들어갈 수 있다는 의지를 잃어버렸을 가능성이 크다. 삶이 자기 행동의 결과물이라기보다는 우연히 주어지는 것이라고 생각하며 운전석에서 조수석으로 옮겨 간 것이다. 삶의 통제권을 잃는 것은 누구라도 두려워할 일이다.

고난이야말로 우리를 창의적으로 만들어준다는 점은 아무도 말해주지 않는다. 고난은 숨어 있던 당신의 일부를 활성화한다. 주변의 것들을 흥미롭게 만든다. 인간 내러티브의 일부는 극복할 무언가를 바라는 것이다. 다만 균형을 맞춰야 한다. 안전지대에서 나와 고통을 감수한다는 선택은 가치 있는 목표를 향해야 한다. 기아, 정치와 같은 세상의 진짜 문제들에 집중하라.

하지만 스스로 통제할 수 있는 일들에도 계속 관여해야 한다. 생각해보면 사실 이것이 우리가 하는 일의 대부분이다. 고난으로 더욱 강해지려면 긴장, 저항, 난관, 고통이 필요하다. 감정을 두려워하며 조수석에 앉지 말라. 삶과 깊이 연결되어 그 일부가 되어야 한다. 당신이 지금 있는 곳은 영원히 머물 수 없는 장소다. 사실은 당신도 영원히 머물기를 원하지 않을 것이다. 용기를 내 부딪쳐라. 살기 시작하라. 당신은 그렇게 살기 위해 만들어진 존재다.

변화의 두려움에 항복하지 않는 법

＊

삶에 대해 아무도 말해주지 않는 것 중 하나는 긍정적인 변화 이후 즉각적인 행복이 찾아오지 않는다는 점이다. 참으로 혼란 스러운 일이다. 그 이유는 심리적인 작용 때문이다. 새로운 것은 아무리 좋은 것이라 해도 익숙해질 때까지 불편하게 느껴진다. 우리의 뇌 역시 그렇게 작동한다. 익숙한 것은 좋고 편안하게 느 껴진다. 그 행동과 습관과 관계가 실제로는 유해하고 파괴적이 라 해도 말이다.

인생에서 긍정적인 사건은 실제로 우울한 상황을 촉발할 수 있다. 이유는 여러 가지다. 첫째, 기분이나 태도의 급격한 변화 는 스트레스를 높인다. 둘째, 긍정적 사건이 모든 스트레스를 날 려버리고 전례 없는 행복을 안겨주리라는 기대감이 오히려 압박 으로 작용한다. 이런 일은 거의 일어나지 않으므로 오히려 자신용기를 내 부딪쳐라!
우리의 마음은 고난과 함께 단단해진다

을 파괴하는 기대라 할 수 있다. 결혼, 자녀 출산, 취업 등이 엄청난 스트레스를 안겨주는 이유도 여기 있다. 거대한 인생 변화의 정점인 이런 사건들은 완벽하게 긍정적인 일이기 때문에 불안과 긴장이 사라질 것이라는 암묵적 가정이 존재한다.

하지만 현실은 그렇지 않다. 어떤 성취나 성공 또는 변화도 우리를 낯선 상황으로 이끈다는 단순한 사실 때문에 그렇다. 아무리 긍정적이라 해도 변화는 스트레스를 가져온다. 불안과 우울 성향을 지닌 사람, 기분 유지에 안전지대가 결정적인 역할을 하는 사람에게는 특히 그렇다. 이런 사람들이 어이없을 정도로 꽉 막혀 있거나 유별나게 보이는 것도 이 때문이다.

적응 쇼크의 신호는 무엇인가

적응 쇼크adjustment shock는 단순히 불안이나 과민한 상태가 심해지면서 나타날 수 있다. 물론 더 복잡한 경우도 많다. 적응 쇼크는 과잉 경계로 나타나기도 한다. 경제적 이익을 얻은 후 즉각 그 이익을 갉아먹을 수 있는 것들, 예를 들면 거액의 청구서나 실직 등이 등장하리라고 생각하는 것이다. 연인이 생겨 행복해졌다면 배신이나 거짓에 대한 피해망상에 시달리기도 한다.

적응 쇼크는 무의식적 애착이나 믿음을 드러내기도 한다. 세상의 모든 부자는 도덕적으로 문제가 있다고 생각하는 사람은 더 많은 돈을 벌 기회를 거부한다. 더 많은 사랑을 받기 위해 유명해지고 싶었던 사람은 오히려 대중적 성공을 거부하기도 한다. 유명한 사람은 일반 사람보다 더 많은 비판을 받고 미움을 산다는 이유로 말이다.

적응 쇼크는 극도의 두려움을 유발할 수 있다. 아주 소중한 무언가, 오랫동안 노력해서 얻은 무언가를 잃지 않기 위해 벽을 치고 기쁨을 숨기려는 것이 우리의 본능이기 때문이다.

우리는 가장 원하는 것을 가장 강하게 거부한다.

그 이유는 적응 쇼크 때문이다. 거부하는 이유를 늘 아는 것은 아니지만 말이다. 원하는 모든 것을 얻는 상황은 두려운 일이다. 공포가 바탕을 이루는 생존 모드에서 벗어나 더 안정된 상태로 옮겨 가야 하기 때문이다. 우리에게 익숙한 것은 생존을 위해 필요한 일을 하는 것인데 자기실현이라는 다음 단계가 닥쳐오고 만다.

기본적인 생존을 더 이상 걱정하지 않게 되면 마음은 삶의 더 큰 문제로 향한다. 우리의 목적은 무엇일까? 어떻게 의미 있는 삶을 살 것인가? 현재의 나는 되고자 하는 나인가? 성공은 더 쉽고 편한 삶을 안겨준다고 흔히들 생각한다. 하지만 사실 그런 경우는 드물다. 오히려 정반대 상황이 벌어진다. 큰 성공은 우리를 한 단계 올려주면서 더 큰 책임감을 부여한다. 그리고 문제를 더 깊이 생각하도록, 우리 자신과 우리가 진실이라 여겨왔던 것에 대해 의문을 제기하도록 만든다.

크게 이룰수록 우리는 더 좋은 모습이 되라는 압박을 받는다. 우리의 인생에는 분명 긍정적인 일이지만 동시에 투쟁처럼 느껴지고 때론 그 이상으로 불편한 일이다.

적응 쇼크를 어떻게 이겨낼 것인가

긍정적인 일이 일어난다면 다른 일들에 대한 마음 자세를 조정해 더 정확하고 지속 가능한 새로운 관점을 가져야 한다. 더 많은 돈이 생기는 것이 불안하다면 더 잘 관리할 방법을 배워야 한다. 인간관계에 불안함이 있다면 이전보다 더 잘 관계 맺는 법을 배워야 한다.

커다란 인생의 변화는 상상할 수 있는 모든 방식으로 당신의 수준을 한 단계 높여준다. 미지의 수준으로 들어가는 두려움을 극복하는 방법은 익숙해지는 것, 새로운 수준을 자신의 일부로 만드는 것, 마땅히 누릴 자격이 있고 준비가 되어 있는 상황으로 받아들이는 것이다.

근거 없는 미신적 사고에서 벗어나라

여기서 말하는 미신적 사고는 마음을 달래기 위해 시편을 읽는다든지, 당신의 기운을 알려주고 미래를 예언해준다는 점쟁이를 찾아가는 걸 뜻하지 않는다. 미신적 사고는 그보다 훨씬 더 광범위하다.

미신적 사고는 우리가 타인의 생각이나 의도를 알 수 있다고 가정한다. 강하게 느낀다는 이유로 일어나지 않을 것 같은 결과가 가장 일어날 가능성이 큰 결과라고 가정한다. 당신이 선택하지 않아 놓친 다른 삶이 정말로 당신이 살았어야 할 삶이라고 가정한다. 가장 강력한 끌림으로 연결되는 사람이 당신의 이상형이자 평생의 짝이라고 한다.

사람들이 우리를 보는 방식은 두말할 것 없이 역동적이다. 따라서 타인의 생각, 느낌, 의도는 우리가 거의 혹은 전혀 알지 못한다. 일어나지 않을 것 같은 결과는 말 그대로 일어나지 않을 확률이 높다. 우리가 선택하지 않은 길 따위는 없다. 우리의 욕망과 필요가 투사되어 환상으로 그려낸 삶의 모습일 뿐이다. 강력한 끌림은 영혼의 짝을 보여주지 않는다. 불꽃 튀는 사랑이 서로에게 반드시 긍정적인 것은 아니다.

미신적 사고는 우리를 현실과 분리시킨다. 논리의 세계에 감정, 즉 부정확하고 믿기 어려우며 자신이 원하는 방향으로 편향되기 일쑤인 감정을 투사한다. 그렇기에 미신적 사고는 불편함을 넘어 정신 건강에 극도로 해롭다. 불안과 좌절을 키우며 두려움을 안겨준다. 미신적 사고가 진짜이고 미래를 예측해준다고 믿게 되고 그저 하루가 힘들었다고 느끼는 게 아니라 삶 자체가 끔찍하다고 생각하게 된다.

언젠가부터 우리는 '자신을 믿어라'라는 말에 우리 자신을 일종의 계시로 여기기 시작했다. 강렬한 생각이나 느낌이 스칠 때면 앞으로 닥쳐올 중요한 사건을 알려주는 신호라고 믿었다. 최근 미신적 사고는 다시금 인기를 누리게 되었다. 1950~1960년대부터 시작된 대중심리학의 인기 덕분이다. 이 분야의 지도자들은 자기 자신을 믿으라고 말한다. 또한 자신의 내면 깊숙이 들어가 보면 진리를 알게 된다고 한다.

맞는 말이긴 하다. 깊숙한 곳의 소화기가 뇌줄기와 연결되니 그렇다. 위 속의 박테리아는 마음보다 더 빨리 잠재의식의 인식에 반응한다. 우리 '속'이 직감을 정확히 보여주는 이유다. 하지만 배속의 느낌을 현실과 무관한 공포 혹은 스치는 생각과 구분하지 못하는 사람에게 자신을 믿으라는 말은 위험할 수 있다. 무작위적으로 발생하는 감정을 진짜로 여기고 심지어 앞으로 닥쳐올 일의 예언으로 여기면서 완전히 얼어붙을 수 있기 때문이다.

미신적 사고는 인지적 편향과 다를 바 없다. 그 주된 특징은 다음과 같다.

1. 확증 편향적 사고

어느 순간이든 우리의 뇌는 자극으로 가득하다. 의식은 그 자극들의 10퍼센트 미만만 인식하면서 처리 부담을 줄인다. 잠재의식은 언제 필요할지 모를 나머지 자극들도 기록해둔다. 그런데 의식이 인식하는 10퍼센트가 선택되는 과정은 우리가 기존에 믿고 있는 내용과 크게 관련된다. 두뇌는 기존의 생각과 맞지 않는 정보를 걸러내고 일치하는 정보에 주의를 기울인다. 확증 편향, 즉 본래의 생각을 지지하는 자극을 찾고 골라내는 현상이 나타나는 것이다.

2. 미래에 대한 부정적인 추정

추정은 우리가 현재 상황을 받아들이고 이를 미래에 투사할 때 일어난다. "이 순간은 내 삶이 아니다. 내 삶의 한 순간이다." 라는 라이언 홀리데이의 말은 이를 잘 표현해준다.

추정은 우리가 과거와 현재 경험의 총체라고, 현재 겪는 스트레스와 불안에 평생 맞서야 한다고 생각하게 한다. 지금의 문제를 꿰뚫어 보지 못하고 절대 해결되지 않으리라고 가정한다. 안타깝게도 이런 가정은 자기실현적 예언이 되기도 한다. 절대로 문제를 해결할 수 없다는 생각에 쉽게 굴복하고 포기한다면 논리적으로 해결을 시도하는 대신 문제에 오랫동안 질질 끌려다닐 수 있다.

3. 세상이 자기를 중심으로 돈다는 생각

모든 사람이 세상은 자기를 중심으로 돈다고 여긴다. 자신에 대해, 자신의 이해관계에 대해 매일 골몰하기 때문이다. 그러면서 자신에 대해 자기만큼 열심히 생각하는 사람은 없다는 것을 잊어버린다. 사람들은 각자 자기 생각을 하기에도 바쁘다.

조명 효과spotlight effect는 우리가 우리 자신의 삶이 공연되고 소비된다고 상상할 때 발생한다. 최근에 저지른 두세 가지 어이없는 사건을 떠올리면서 남들도 그 사건들을 기억할 것이라 여긴다. 하지만 당신은 누군가가 최근에 일으킨 어이없는 사건 두세 가지를 기억할 수 있는가? 물론 아닐 것이다. 주의를 기울이지 않기 때문이다. 조명 효과는 세상이 우리를 중심으로 돈다는 거짓된 느낌을 만든다. 현실은 전혀 그렇지 않은데 말이다.

세상에 대한 가정과 느낌이 현실이 된다는 미신적 사고에서 이런 편향이 생겨난다. 대부분이 유해하고 그릇된 편향이다. 그렇게 다음에 무슨 일이 일어날지 예측하는 것보다는 현재에 집중하는 것이 에너지를 더 잘 쓰는 방법이다. 과거와 미래는 현재를 기준으로 볼 때 모두 환상이고 우리에게 주어진 것은 현재뿐이기 때문이다. 다음에 발생할 일에 매달려 지적 능력을 소모하지 말고 현재 있는 곳에서 헤쳐나갈 생각을 하라. 그것이 인생의 결과를 바꾸는 방법이다.

논리적 비약이 불안으로 이어진다면

✳

삶에서 경험하는 대부분의 불안은 비효율적으로 이뤄지는 비판적 사고 때문이다. 당신이 불안을 느끼기 때문에 과도하게 생각이 많다고, 확률이 낮은 부정적인 결과를 자꾸만 떠올린다고 생각하는가? 아니, 그렇지 않다. 당신은 생각을 너무 적게 하고 있다.

당신은 추론 과정의 한 부분을 놓치고 있다. 처음부터 시작해 보자. 불안은 살면서 누구나 경험하는 정상적인 감정이다. 스트레스를 받거나 긴장과 공포를 느끼는 상황에서 불안이라는 감정은 전형적으로 나타난다. 불안이 만성화되어 일상적 기능에 개입하기 시작하면 임상적 질환이 된다.

신체 건강과 동등한 차원으로 정신 건강을 다루는 것이 의아한가? 하지만 반복적으로 발목을 뻰다면 어떤 상황에서 미끄러지는지 질문하게 되듯 불안 역시 특정 상황에 나타난다. 특히 불안은 스트레스 상황을 제대로 처리하지 못하는 무능력의 결과로 나타나는 경향이 있다. 치유되고 싶다면 과정을 알아야만 한다. 진단을 받은 사람뿐 아니라 우리 모두에게 필요한 일이다.

불안의 특징 중 하나는 성급한 사고다. 특정 사안에 오랫동안 깊이 집중하기 때문에 철저하게 살피고 가장 개연성 높은 결론에 도달했다고 생각하기 쉽다. 하지만 실은 정반대다. 이럴 때 나타나는 것이 논리적 비약이다. 명료하게 사고하지 않기 때문에 최악의 시나리오를 상상한 후 위협감을 느껴 투쟁-도피 반응을 보인다. 한 가지 끔찍한 생각에만 매달리는 이유가 여기에 있다. 당신의 신체는 눈앞에 위협이 닥친 듯 반응하고 패배하거나 극복할 때까지 이 반응이 지속된다. 당신은 방어 태세가 되어 '적'에 대한 인식을 한껏 높인다.

논리적 비약이란 무엇인가

누군가는 끔찍하게 여길 수 있지만 당신은 두렵지 않은 무언가를 떠올려보라. 어쩌면 비행기 여행일 수도 있다. 많은 사람이 비행기 타기를 두려워한다. 어쩌면 혼자 지내는 것일 수도 있다. 많은 사람이 혼자 있는 걸 두려워한다. 어쩌면 헌신하는 것일 수도 있다. 많은 사람이 헌신해야 하는 상황을 두려워한다. 남들은 두려워하지만 당신은 전혀 두렵지 않은 것을 최소한 하나는 생각해낼 수 있을 것이다.

어째서 두렵지 않을까? 거기서는 논리적 비약이 일어나지 않기 때문이다. 당신은 비행기에 올라탔다가 아무 일 없었다는 듯 내리는 자신의 모습을 그릴 수 있다. 혼자서 즐겁게 잘 지내다가 사람들과 잘 지내는 모습을 그려볼 수도 있다. 최악의 상황이 발생한다고 해도 시작부터 절정, 결말에 이르기까지 전체 과정을 떠올릴 수 있다. 어떻게 대처할지 알고 있다. 계획이 있다.

반면 논리적 비약이 있을 때는 절정이 곧 결말이 된다. 상황을 상상하고 자신이 패닉 상태가 되는 모습을 떠올린 후 공포에 사로잡혀 나머지 부분을 생각하지 않는 것이다. 어떻게 헤쳐나갈지, 어떻게 반응할지, 이후의 삶을 어떻게 살게 될지 전혀 생각하지 못한다. 생각할 수 있다면 두려워하지 않게 된다. 그 상황이 당신을 '끝장낼' 정도가 아님을 알기 때문이다.

비이성 공포에 대한 일반적 치료법이 노출인 이유도 여기 있다. 스트레스 요소를 안전한 방법으로 반복해서 경험하다 보면 더 건강하고 평온한 사고가 형성된다. 설사 끔찍한 일이 벌어진다 해도 괜찮을 것임을 스스로 증명하는 방식이다. 정신적 힘은 아무것도 잘못되지 않기를 바라는 것이 아니다. 뭔가가 잘못되어도 자신이 해결할 수 있다고 믿는 것이다.

당신은 아직 자기 신뢰가 없을지도 모른다. 그래도 괜찮다. 자기 신뢰는 타고나는 것이 아니라 서서히 쌓아가는 것이다. 작은 문제들에 부딪히고 건강한 대처 메커니즘 및 효과적인 추론 방법을 찾아감으로써 자기 신뢰를 쌓을 수 있다.

인생에서는 두려운 일들이 수없이 많이 발생한다. 누구든 마찬가지다. 그런데 무서운 일 딱 하나에만 매달려 있다면 그건 곧 닥칠 일이거나 가장 확률 높은 일이기 때문이 아니라 대응할 자

정서적 강인함은 잘못되지 않기를
바라는 게 아니라 잘못되어도
해결할 수 있다고 믿는 것이다

신이 가장 없는 일이기 때문이다. 극복하려면 회피하지 말아야 한다. 상황을 있는 그대로 바라보고 적절히 대처하기 위한 논리를 만들어야 한다.

때로 삶에서 가장 큰 불안은 진짜 발생한 일이 아닌, 그 일이 발생할 것이라는 생각에서 온다. 여기서 다시금 감정적 자유와 힘이 필요해진다.

추론 오류는 마음의 평화를 깨트린다

＊

체형에 대해 잘 알고 있다면 내배엽endomorph, 외배엽ectomorph, 중배엽mesomorph이라는 용어를 알 것이다. 내배엽은 골격이 크고 통통한 체형이며 외배엽은 팔과 다리가 길고 가늘며 마른 체형이다. 중배엽은 골격이 크며 근육질 체형을 말한다. 모든 사람의 체형은 이 체형 스펙트럼의 어딘가에 속한다. 즉 사람들의 각 체형은 다양하지만 주된 체형이 무엇인가에 따라 개인적인 특징도 다르다.[10]

내배엽 체형은 지방이 많이 축적되는 편이다. 그러면 신진대사가 가장 나쁠 것이라 흔히 생각하지만 틀린 가정이다. 내배엽 체형은 누구보다도 신진대사가 좋다. 오늘날까지 생존했다는 것은 그만큼 내배엽 체형인 선조들이 생존에 잘 적응했다는 뜻이다. 내배엽 체형의 신진대사가 활발하기 때문에 나중에 사용하기 위해 지방을 저장하는 것이다.

머리가 좋으면서 불안 정도가 높은 이들에게도 똑같은 일이 일어난다. 똑똑한 사람은 논리를 동원해 비논리적 두려움을 없앨 수 있다고 생각한다. 적절한 추론을 하지 못하는 논리적 실수가 불안을 낳는 법이니 말이다. 하지만 똑똑한 이들의 뇌는 기본적인 역할에 충실하면서 서로 무관한 자극들을 결합해 잠재적 위협도 만들어낸다. 머리가 좋은 사람은 남들에게 없는 심리적 기능, 즉 추론 능력을 지녔다. 그래서 남들이 표면적으로 받아들이는 것들에서 의미를 추출하고 이해한다.

IQ가 높은 사람들이 사교성이나 운전 등 기본적인 과업에서 어려움을 겪는 이유가 여기 있다. 보통 사람들이 세상을 1차원으로 본다면 똑똑한 이들은 3차원으로 인식한다. 다시 말해 필요 이상으로 깊이 생각한다. 여기서 창조, 이해, 전략 수립, 발명이라는 능력이 나온다.

내배엽 체형이 신진대사가 뛰어나기 때문에 지방이 쉽게 축적되는 것처럼 머리 좋은 사람의 두뇌도 종종 해로운 방향으로 기능한다. 즉 타당한 증거로부터 편향적이고 틀린 가정을 내놓는 '추론 오류'faulty inferences에 빠지곤 한다.

매우 불안한 상태일 때 우리의 뇌는 무해한 자극에서 특별한 의미나 예측을 뽑아내곤 한다. 공포를 느낄 때는 위협을 가할 수 있는 무언가를 파악하기 위해 과도하게 움직여 위협적인 대상을 회피할 수 있는 창의적 방법을 고안한다. 똑똑할수록 더 잘하는 일이다. 하지만 두려움을 회피할수록 두려움은 더 강해진다.

추론 오류란 무엇인가

추론 오류는 타당한 증거에서 거짓 결론에 이르는 것이다. 보고 경험하고 이해하는 것은 진짜일 수 있지만 거기서 끌어낸 가정은 진짜가 아니고 발생 확률이 매우 낮다는 뜻이다. 성급한 일반화, 즉 한두 차례의 경험을 바탕으로 어떤 집단 전체가 어떻다고 주장하는 오류가 그 한 가지 예다. 인종주의나 편견이 여기에 속한다.

인과관계 오류는 연이어 일어나는 두 가지 일이 인과적으로 관련되어 있다고 믿는 것이다. 거짓 이분법은 오로지 두 가지 가능성만이 존재한다는 생각이다. 현실에는 훨씬 더 많은 가능성이 존재하는데도 말이다. 상사가 개인적으로 불렀을 때 승진이나 해고 통보 둘 중 하나일 뿐이라고 생각하는 식이다. '미끄러운 내리막길' 오류는 한 사건이 필연적으로 다른 사건을 불러오리라 여기는 것이다.

이런 오류들은 뇌가 당신을 배신하는 수많은 방식의 일부에 불과하다. 긴장하고 정신을 차리게 하는 효과도 있지만 위협을 과도하게 인식한다는 문제가 있다. 위험도의 차이를 구분할 수 없는 우리의 신체는 계속해서 크고 작은 위협에 반응한다.

어떻게 추론 오류를 바로잡을 수 있을까?

추론 오류는 상황을 정확히 인식할 때 바로잡히기 시작한다. 자신이 거짓 이분법이나 성급한 일반화를 하고 있음을 깨달으면 대개 중단한다. 무엇인지 이해하고 나면 벗어날 수 있는 것이다.

뇌가 추론 오류를 자동으로 중단하도록 훈련하려면 시간이 걸린다. 마음이 검색어를 자동 완성하는 검색엔진이라고 생각해보자. 여러 해 동안 무언가를 여러 차례 입력했다면 한동안 계속 그 검색어가 나타날 것이다. 자연스럽게 나타나는 검색어를 바꾸려면 지속적으로 새로운 생각, 선택지, 자극을 추가해야 한다.

이는 그저 가능하기만 한 일이 아니라 필수적으로 해야 하는 일이다. 지속적으로 하는 일이 익숙한 일이 된다. 뇌는 안전지대를 재설정하기 시작하고 한때 감정적으로 생각하는 것이 자연스러웠듯 이제는 논리적으로 생각하는 것이 자연스러워진다. 한때 불안한 느낌이 자연스러웠듯 이제는 평온한 느낌이 자연스럽다. 바뀌려면 인식해야 하고 시간을 들여 훈련해야 한다. 하지만 누구나 언제든 할 수 있는 일이다.

걱정거리를 찾느라 시간을 허비하지 마라

*

깊이 생각하는 것은 창의력의 산실이다. 이 두 가지는 뇌의 같은 부위가 관장한다.[11] 따라서 '고난을 통해 창의성이 발휘된다'라는 고정관념은 신경학적 근거가 있다. 예술가들은 누구나 가장 힘겨웠던 시기에 가장 뛰어난 작품을 내놓게 되었다고 말한다. 하지만 그 위기가 꼭 필요한 게 아니라는 말은 하지 않는다.

당신도 '꼭 필요한 건 아니다'라고 생각하는가? 위기는 최악의 시나리오다. 그런데도 실현 확률이 가장 낮은 시나리오에 대한 두려움으로 자신을 패닉으로 몰고 가는 사람이 얼마나 많은가? 패닉에 방어막을 치려다 두려움 때문에 매일 위기 상황을 만드는 사람은 또 얼마나 많은가?

우리가 피학증 환자라는 말은 아니다. 다만 무의식에서 야생의 지능이 작동하는 존재다. 우리 뇌는 최악의 공포를 상상하면 미리 준비할 수 있다고 생각한다. 계속 궁리하고 궁리하면 보호받을 수 있다고 느낀다. 태풍에 대비하면 태풍 피해를 입지 않는다고 본다. 하지만 꼭 그렇지는 않다.

과도한 걱정은 의식의 오작동이 아니다. 잠시 멈춰 삶을 즐길 수 없다고 해서 희귀한 유형인 것도 아니다. 걱정은 잠재의식의 방어 메커니즘이다. 우리에게 해를 가할 수 있어 두렵고 맞서 싸울 준비를 해야 하는 무언가에 너무 많이 신경을 쓰는 것이다. 이런 사고에 잘못된 건 없다. 하지만 새로운 길로 나아가도록 스스로 준비하는 태도에도 잘못된 건 없다.

현실은 걱정이 우리의 생각만큼 보호 기능을 하지 못한다는 점이다. 결승선까지 두려움과 싸울 수는 없다. 우리는 걱정함으로써 무수히 많은 부정적 가능성에 민감해진다. 그리고 최악의 시나리오를 만들어낸다. 그리하여 위기가 발생하면 바로 패닉 상태에 빠진다. 뇌와 신체가 오랫동안 그런 엄청난 상황을 가정해왔기 때문이다.

그토록 과도하게 두려움을 미리 내다보지 않았다면 실제로 두려운 상황이 발생했을 때 그리 큰 영향은 받지 않는다. 있는 그대로 상황을 바라보며 적절히 대응한다. 그럼에도 우리는 환상일 뿐 실제로 일어나지 않을 일에 땅이 꺼질 듯 걱정하면서 걱정을 안전과 연결하기 시작한다. 그토록 많이 생각해온 문제이니 피할 수 있을 것이라 여긴다. 하지만 전혀 그렇지 않다.

흔히 말하듯 걱정을 멈추고 현재에 집중하라고 하는 것은 공포 충동을 강화할 뿐이다. 경계 태세를 풀라는 요구에 불과하기 때문이다. 안 그래도 걱정이 많은 사람에게 더 취약해지라는 것은 답이 아니다. 안전하다고 느낄 수 있는 다른 방법을 찾아야 한다.

어떤 상황이 실제로 닥쳐왔을 때 얼마나 큰 패닉이 찾아올지 미리 떠올리면서 시간을 허비하기보다는 다른 사람이 당신의 입장이라면 어떻게 대처할지 상상해보자. 문제를 다른 관점으로 보고 접근한다고 상상해보자. 나아가 그 상황이 아니었다면 불가능했을 기회가 주어졌다고 상상할 수도 있다. 고난을 겪으리라는 두려움으로 자신과 삶을 쪼그라뜨린 채 시간을 보내지 말고 자존감을 높이는 데 집중해보자. 설사 실패한다고 해도 지금 당신이 두려워하듯 비난과 미움을 받고 추방되는 일은 없다는 점을 인식하라.

다음번 걱정거리를 찾느라 시간을 보내는 대신 새로운 사고방식을 학습해보자. 충만하고 공정한 삶을 살기 위해 행운과 불운의 균형을 맞출 필요 없다는 사고방식 말이다. 안정성과 온전함, 건강과 활력은 당신이 타고난 선물이다. 원하는 건 뭐든 가질 수 있다. 당신은 얼마든지 평화로워도 좋다.

걱정은 우리 안의 깊은 욕구, 즉 일단 정복하고 나중에 안전과 보호를 느끼고 싶은 욕구를 충족시키는 기본적 감정이다. 하지만 동시에 걱정에 동반되는 불편함은 걱정이 불필요하며 우리가 되고픈 존재에서 멀어지도록 발목을 잡고 있다는 더 높은 자아의 속삭임이다.

감정적 허기를 채울 더 좋은 방법은 분명 있다. 그리고 그 방법은 내면의 평화를 위해 자기 자신과 싸우는 것이 아니다.

제5장

과거를 놓아 보내고
나를 사랑하는 연습

삶의 모든 단계에서 우리는 자아를 재편성하는 시간을 가진다. 우리는 시간이 흐르면서 변화하도록 만들어진 존재다. 신체의 세포가 계속 죽고 새로운 세포로 대체되는 과정을 봐도 알 수 있다. 7년마다 우리는 완전히 '새로운' 존재가 된다고 한다.[12]

우리의 정신적, 감정적 성장도 똑같은 과정을 거치는데 그 주기는 훨씬 짧은 편이다. 우리의 가장 큰 고통은 사실 이 자연스러운 과정에 저항하는 데서 비롯되는지도 모른다. 일정한 시기에 다다르면 삶을 변화시켜야 하는데 과거의 장비와 잔해를 붙잡고 있는 탓에 고통이 생겨나는 것이다. 해결되지 않은 문제를 계속 끌고 가면 과거의 트라우마가 미래의 삶으로 옮겨 간다. 변화를 받아들이고 고통의 사슬을 끊으려면 먼저 과거를 놓아 보내는 방법을 배워 실천해야 한다. 이제 시작해보자.

떠나보낼 수 없던 것들과 작별하기

*

아무리 원한다고 해도 오래된 자아를 억지로 놓아 보내게끔 자신을 압박할 수는 없다. 그러나 이제 당신은 오래된 자아를 내려놓아야 할 때다. 이전의 고통, 과거의 인간관계, 진심으로 원하던 것을 거부하면서 보낸 시간에 대한 죄의식 등등. 자기 파괴에서 회복하려면 놓아 보내기 과정이 반드시 필요하다.

뇌 속 공간에서 억지로 무언가를 내보낼 수는 없다. 그저 힘을 살짝 빼는 것만으로는 당신의 세상을 휘감고 있던 문제에 관한 생각이 사라지지는 않는다. 누군가 이제 앞으로 나아가라고 말해준 순간, 어느 정도의 패배를 인정해야 한다고 깨달았던 날, 희망이 사라지며 가슴 내려앉았던 때를 쉽게 놓아 보내지는 못할 것이다.

더 이상 신경 쓰지 않겠다고 결심하면서 단번에 떠나보낼 수도 없다. 무언가에 진심으로 매달려보지 못한 사람이라면 그렇게 간단하게 생각하겠지만 말이다. 안전과 사랑, 미래를 위해 무언가에 깊이 매달려본 적 없는 사람이나 그렇게 믿는다. 다른 사람들이 아무렇지도 않게, 당신의 머리와 가슴속에서 일어나는 폭풍을 고려하지도 않고 '떠나보내라'라고 말하면 화가 나는 것도 당연하다. 이제까지 당신의 세계를 유지하고 복구하기 위해 시간을 그토록 많이 들인 무언가를 어떻게 단번에 놓아버린단 말인가? 그럴 수도 없고 그렇게 되지도 않는다.

그러나 어느 날, 새로운 삶을 만들기 위해 한 걸음을 떼는 순간 놓아 보내기가 시작될 수 있다. 그날 저녁에는 침대에 누워 천장을 올려다보면서 몇 시간이고 울어도 괜찮다. 빈 구멍 주위를 맴돌면서 삶을 이어나갈 수는 없다는 것을, 지금까지의 상태를 앞으로도 유지할 수는 없다는 것을 깨달으면 놓아 보내기가 시작된다.

또는 책이나 노래가 만들어지기 시작하는 바로 그 순간에 놓아 보내기가 시작되기도 한다. 그전처럼 폐허에 서 있는 채로 평화를 찾을 수 없음을 깨닫는 순간이다. 무언가 새로운 것을 만들기 시작해야 움직일 수 있다. 새로운 삶을 만들어가는 일에 신나게 열중할 때 비로소 놓아 보낼 수 있고 서서히 과거를 잊을 것이다.

억지로 놓아 보내려 하면 오히려 더 세게 붙잡게 되고 집착하고픈 마음이 커진다. 흰색 코끼리를 생각하지 말라고 하면 흰색 코끼리만 생각나는 것과 비슷하다.

그러니 자기 자신에게 놓아 보내라는 말을 하지 말자. 대신 필요한 만큼 오랫동안 울어도 좋다고 말하라. 삶이 조각조각 나서 엉망이 되고 무너져 내려도 괜찮다고, 지금 서 있는 땅이 꺼져버려도 문제없다고 말하라. 그러고 나면 깨달을 것이다. 당신이 여전히 서 있다는 것을.

그리고 놓아 보내기 시작했을 때와 이후에 당신이 이뤄낸 것이 너무도 굉장하고 충격적이어서 어쩌면 애초부터 놓아 보내기가 계획된 일이었을지 모른다고 생각할 것이다. 그런 상황에 내몰리지 않았다면 잠에서 깨어나지 못했을 당신의 일부분이 나타날 수도 있다.

당신에게 상처 주는 것을 놓아 보낼 수 없다면 그냥 두어도 좋다. 다만 오늘 한 걸음, 내일 다시 한 걸음을 내디뎌 자신을 위한 새로운 삶을 만들어라. 매일 한 조각씩 말이다. 문제가 되는 그 생각을 하지 않고 한 시간을 보내는 상황이 서서히 찾아올 것이다. 다음에는 하루를, 그다음에는 한 주를 그렇게 보낼 수 있다. 결국에는 삶에 새겨졌던 자국도 사라지고 당신을 끝장낼 것이라

오늘 한 걸음, 내일 한 걸음
상처받은 과거를 놓아주어라!
매일 한 조각씩!

여겼던 모든 것이 먼 기억으로, 돌이켜보며 미소 지을 수 있는 대상으로 변할 것이다.

잃어버린 모든 것은 깊이 감사할 무언가가 된다. 시간이 흐르면서 그게 길이 아니었다는 사실이 보일 것이다. 길을 가로막고 서 있던 무언가에 불과했을 뿐이다.

천천히, 한 조각씩, 놓아주는 연습

*

경험이 끝난다고 해서 다 끝나는 것은 아니다. 우리는 해결되지 않은 감정적 경험을 신체에 저장한다. 그래서 상처 입고 트라우마로 남은 사건 때문에 삶이 방해받는다는 느낌을 받는다. 때론 두려움을 영원히 극복하지 못하고 성장하지 못하리라는 공포를 느끼기도 한다.

우리가 미처 깨닫지 못한 사실이 있다. 상처 입은 경험은 아무렇지 않은 척 넘어갈 수 없는 유형의 경험이라는 것이다. 그 경험에는 우리가 진심으로 원했거나 여전히 욕망하는 무언가가 있다. 우리는 이별 때문에 무너지는 것이 아니라 자신에게 맞지 않는 사랑을 욕망하기 때문에 무너진다. 상실 때문에 절망하는 것이 아니라 그 사람이나 사물이 자기 삶에 머무르기를 너무 간절히 바라는 탓에 절망한다.

우리는 계속해서 그 무언가를 갈망하며 같은 자리에 갇힌다. 그 자리와 자신을 분리해 앞으로 나아가고 실시간으로 경험을 만들어야 한다는 것을 모른 채 말이다. 이럴 때는 삶이 제대로 풀리지 않는다고 생각하는 대신 우리 욕망의 핵심에 무엇이 있는지 파악하고 지금 그것을 경험할 수 있는 방법을 찾아야 한다.

과거의 경험을 진심으로 놓아 보내고 싶다면 기억을 되돌려 다시 그 경험으로 들어가야 한다. 눈을 감고 불편한 신체 감각을 알아차려야 한다. 여기서 근원으로 들어갈 문이 열린다. 그 느낌을 따라가 시작이 어디인지 알아보라. 시간, 장소 혹은 경험이 기억날 것이다. 기억이 너무 또렷해 굳이 따라갈 필요도 없다면 그 모든 일이 시작된 곳으로 되돌아갔다고 상상하면 된다.

다음으로 해야 할 일은 과거의 자신에게 이야기를 해주는 것이다. 치유되고 더 행복해진 지금의 당신이 지혜를 나눠 주는 것이다. 과거의 자기 옆에 앉아 아주 구체적인 조언을 해준다고 상상하라. 상처받아 낙심한 그 상태가 결국 최고의 미래를 위한 것이라고, 아직은 모르겠지만 훨씬 좋은 관계가 시작될 것이라고 말해주는 것이다.

좌절에 빠진 과거의 자신에게 무엇을 해야 하는지, 누구에게 전화해야 하는지, 어디로 가야 하고 어떤 행동을 중단해야 하는지 차근차근 말해준다고 상상하라. 가장 중요하게는 과거의 자신에게 결국 모든 것이 괜찮아질 것이라 말해주어야 한다. 그때의 두려움은 근거가 없는 것이고 좋은 시간이 다가오고 있으며 삶은 결국 행복할 것이라고 말이다.

과거의 애착을 놓아 보내고 현재라는 시간, 현재 존재하는 것들에 애착을 갖도록 해야 한다. 과거에 일어난 일은 바꿀 수 없다. 하지만 관점을 달리함으로써 지금 당신의 모습은 바꿀 수 있다. 이야기를 바꿀 수 있고 삶을 바꿀 수 있다. 본래와 다른 모습의 누군가가 되어야 했던 과거의 삶에 더 이상 매달리지 않을 수 있다.

과거의 무언가에 병적으로 집착할 때 우리의 관점이 왜곡된다. 그 실체를 보지 못하는 상태가 되어버린다. 그러므로 마음을 열어 진실에 눈을 뜨도록 자신을 다잡아야 한다. 얻지 못한 무언가를 갈망하는 대신 과거를 놓아 보내고 당장 현재의 경험을 쌓는 데 에너지를 사용해야 한다.

이렇게 할 때 우리는 무한한 가능성의 영역에 들어가게 된다. 늘 원하던 모습이 되고 늘 원하던 것을 만들어내고 늘 원하던 것을 가질 자유가 생긴다. 그래야 할 시간은 지금이며 그래야 할 장소는 바로 여기다.

과거에 대해 깊이 생각하는 것이 그곳으로 되돌아가고 싶다는 의미는 아니다. 일어났던 일을 잊지 못한다고 해서 계속 떠올리고 싶어 한다는 의미는 아니다. 지금 당장은 자주 그렇게 된다 해도 말이다.

삶의 가장 투박한 진실은 계속 앞으로 나아간다는 것이다. 가장 가깝던 사람을 잃어버려도 세상은 며칠의 애도 기간을 줄 뿐 다시 살아가라고 한다. 인생과 심경을 뒤바꾸는 깊은 트라우마를 겪는다고 해도 세상이 당신의 두려움을 참아주는 정도는 무척 야박하다.

당신에게 허락된 것은 이 정도다. 울어도 좋다. 슬픔에 잠겨 몇 가지 일정과 계획을 취소하는 것은 용서받을 수 있다. 직장을 며칠 쉴 수 있고 누군가 약간의 시간을 내어 당신의 말을 들어줄 순 있다. 하지만 당신의 가장 깊숙한 곳까지 상처를 남긴 그 일을 처리하고 받아들이는 과정이 하루 이틀에 끝나지는 않는다. 세상은 충분한 시간을 주지 않고 당신은 제대로 해내지 못한다. 결국 떠안고 가게 된다.

어느 날 정신을 차려보면 어떤 기준으로 보든 앞으로 나아갔다는 걸 알게 될 것이다. 출발점에서 꽤 멀리 떨어져 출발점이 잘 기억나지 않는다. 다만 당신이 미처 생각하지 못한 점은 장소, 사람, 상황으로부터 떠나올 순 있어도 당신 자신으로부터 떠나올 순 없다는 사실이다. 과거에 대해 계속 생각하게 되는 것은 전혀 놀랍지 않다. 당신은 그 암흑기를 충분히 조명할 시간 없이 그저 괜찮다고 넘겨버렸다. 그 어떤 측면도 제대로 바라보지 못했다.

마음이 과거에 붙잡혀 있다면 그건 돌아가고 싶어서가 아니다. 당신이 생각하는 것보다 더 깊이 영향을 받았기 때문이고 충격에서 아직 헤어나지 못했기 때문이다. 여기저기서 떠오르는 그 생각의 표면 아래에는 결코 떠나지 못한 그곳으로 돌아가려는 힘이 메아리치고 있다. 살던 곳을 떠나고 결혼을 하고 완전히 새로운 직업을 갖더라도, 열두 명이나 되는 사람과 데이트를 하고 새로운 친구를 사귀고 전보다 훨씬 행복하고 만족한다 해도 어렸던 당신이 거쳐온 일을 여전히 슬퍼하는 것이다.

겉으로는 다른 모습이 되었다고 해도 당신의 그 일부분은 여전히 안쪽에 존재한다. 과거의 당신은 계속 걸어가기를 원치 않는다. 당신이 뒤돌아서 과거의 당신을 봐주기를 기대한다. 시간이 흐르면 당신이 그렇게 해줄 것이다.

당신이 느끼는 것에 틀리거나 망가진 것은 없다. 여느 건강한 사람처럼 당신도 상황에 대응한 것이다. 사람들이 당신의 입장이었어도 똑같이 대처했을 것이다. 똑같이 느꼈을 것이다. 당신은 트라우마 상황을 통과하는 건강한 사람이고 그에 맞춰 대응했다. 당신은 그래야 하기 때문에 앞으로 나아갔다. 과거에서 완전히 단절될 만큼은 병들지 않았다.

일어났던 일을 여전히 곱씹을 수 있다는 사실은 당신이 생각보다 더 건강하고 치유 의지가 강하며 다른 사람을 용서하는 사람이라는 의미다. 당신은 사로잡혀 있던 모든 것을 의식 속에서 떠올릴 수 있고 명확히 바라보며 침착하게 떠나보낼 수 있다. 과거의 모든 조각이 여전히 당신의 일부를 이루고 있지만 그럼에도 당신은 전과는 다른 사람이다. 당신은 더 이상 고통받으며 무너지지 않는다. 고통에서 벗어난 자신을 보게 될 것이다.

비현실적인 기대 떠나보내기

*

남들에게 보이고 싶은 모습대로 여기저기 수술한 후 자기 몸을 사랑한다고 말하는 것은 용감해 보이지 않는다. 세상 모든 것을 가질 수 있게 된 후 물건에 관심 없다고 말하는 것은 용감해 보이지 않는다. 충분히 돈을 번 후 돈은 동기를 부여하지 않는다고 말하는 것은 용감해 보이지 않는다. 모든 결함을 고치고 모든 도전을 해결하고 인생의 그림이 완성된 후에야 행복과 평화를 찾으리라 여긴다면 어떤 것도 해결할 수 없다. 모든 것이 완벽하지 않으면 괜찮을 수 없다는 생각만 키울 것이다.

남김없이 전부 고친 상태를 치유라고 부른다면 인생을 변화시키기란 불가능하다. 있는 그대로의 자신을 정확히 보여주기 시작해야 인생을 바꿀 수 있다. 앞으로 나아가고 싶다고 해도 일단 여기서 행복해야 인생을 바꿀 수 있다. 원하는 바로 그 모습이 아니라고 해도 자신을 사랑해야 인생을 바꿀 수 있다. 돈, 사랑, 인간관계에 대한 원칙을 지켜야, 낯선 이를 CEO처럼 대해야, 1,000달러를 1만 달러처럼 관리해야 인생을 바꿀 수 있다. 자신을 있는 그대로 정확히 내보이는, 그야말로 두렵기 짝이 없는 일을 시작해야 인생을 바꿀 수 있다.

우리 삶에 존재하는 대부분 문제는 진짜 문제를 회피하는 데서 나온다. 지금 여기의 우리 모습이 편안하지 않다는 게 진짜 문제다. 그러니 그것부터 치유해야 한다. 이 문제부터 해결해야 한다. 모든 것이 여기서 나오기 때문이다.

용감하게 자신의 불편함과 대면해야 한다. 속이 거북하고 얼굴이 일그러져도, 절대로 해결책이 없으리라는 생각이 들어도 바라봐야 한다. 그리고 해결책은 반드시 존재한다!

무엇이 잘못되었는지에 귀를 기울여라. 느끼고 통과하고 인정하라. 지금 느끼는 불편함은 정말 중요한 문제다. 모두가 증세일 뿐이므로 하나씩 해결해나가면 된다. 돈 문제가 해결되었으면 건강 문제로 옮겨 가라. 건강 문제가 해결되었으면 관계 문제로 넘어가라. 걱정하는 모든 것이 해결되었다면 다시 출발선에 서서 수준을 올리고 다른 문제들을 다루기 시작하라.

자신을 있는 그대로 정확히 내보이기 시작하면 인생이 급격히 달라질 것이다. 당신은 진정한 사랑을 받기 시작한다. 최고의 성과를 내며 가장 유익한 일을 힘들이지 않고 하게 된다. 웃으며 다시금 즐기기 시작한다. 그러면서 깨달을 것이다. 자신에게는 온갖 두려움을 투사할 대상이 필요했다는 것, 그리하여 삶에서 가장 취약하고 일반적인 문제를 선택했다는 것을 말이다.

자신을 있는 그대로 정확히 내보이기 시작하면 터무니없는 생각을 차단하게 된다. 세상이 당신의 가치를 인정할 때만 자신을 사랑하지 않겠다고 선언하게 된다. 필요한 모든 것을 가졌을 때만 자신이 가치 있는 건 아니다. 원하는 곳에 도달했을 때만 고

결한 존재인 건 아니다. 누군가 당신을 사랑해줘야만 행복한 것도 아니다.

자신을 있는 그대로 정확히 내보이기 시작하면 기존의 생각이 깨진다. 당신이 결코 도달하지 못할 것 같은 이상적인 상태에서만 좋은 삶이 시작되는 게 아니다. 있는 그대로 자신을 내보이고 감정을 인정하기 전까지 어째서 늘 기분이 좋지 않았는지는 아마 풀리지 않는 수수께끼였을 것이다. 계속 암흑 속에서 살았다면 당신은 자신을 억누르며 그 감정을 다른 문제에 투사했을 것이다. 하지만 더 이상은 아니다.

있는 그대로 자신을 내보이고 상상 속 모습이 아닌 현재의 당신을 선택하라. 세상이 언젠가 인정해주리라 생각했던 그 모습 말고 지금 여기 있는 당신 말이다. 이것이 진정한 치유다.

우주는 완벽을 허용하지 않는다. 틈새와 균열이 없다면 성장도 없다. 자연은 불완전함 그 자체다. 단층선이 산맥을 밀어 올리고 별의 폭발이 초신성이 되며 한 계절의 끝이 다른 계절을 연다.

당신은 당신의 머릿속에서 키워온 기대에 꼭 맞춘 삶을 살도록 프로그램된 존재가 아니다. 제시간에 정확히 모든 것을 해내도록 여기 있는 게 아니다. 그러려면 삶에서 모든 즉흥성, 호기심, 감동을 없애버려야 할 것이다.

나와 맞지 않는 것에 집착하지 말라

❋

애초에 당신의 것이 되지 않을 무언가나 누군가를 얻기 위해 할 수 있는 일은 없다. 당신은 당신이 가진 모든 것과 싸울 수 있다. 가능한 한 오래 미적거릴 수도 있다. 신호를 부정적으로 해석하는 뒤틀린 사고를 이어갈 수 있다. 친구들이 문자와 이메일 해독에 매달리도록 할 수도 있다. 자기 자신과 게임을 벌이고 정당화하고 최후통첩을 할 수도 있고 조금 더 노력해보겠다고 말할 수 있으며 그 일이 왜 지금 안되는지 핑계를 댈 수도 있다. 당신은 당신에게 무엇이 옳고 무엇이 최선인지 결정할 수 있다. 무엇보다도 당신은 기다릴 수 있다. 영원히 기다릴 수도 있다.

그러나 당신에게 맞지 않는 것은 당신의 삶에 결코 오래 머무를 수 없다. 얼마간 그런 척할 수는 있다고 해도 맞지 않는 일, 맞지 않는 사람, 맞지 않는 장소가 억지로 당신에게 맞을 수는 없다. 당신에게 맞는 것은 결국 당신에게 와서 머물고 오랫동안 사라지지 않는다. 무언가가 당신에게 맞는다면 시야가 명료해지겠지만 맞지 않는다면 혼란스러울 뿐이다.

맞지 않는 것을 억지로 맞추려고 하면 곤란에 빠진다. 당신의 삶에 속하지 않는 것을 억지로 맞춰 넣으려 하면 균열이 생긴다.

해결할 수 없는 내적 갈등이 싹튼다. 이 갈등이 점점 커지면 자칫 열정으로 오해할 수도 있다. 맞지 않는다면 어떻게 이토록 강한 감정을 느낄 수 있느냐면서.

그럴 수 있다. 당신은 당신의 마음이 무언가에 집착하도록 만들 수 있다. 현실이 아닌 가능성과 사랑에 빠질 수 있다. 마침내 모든 것이 제자리를 찾았을 때 어떻게 매일을 살아낼 것인지 치밀하게 계획을 세울 수도 있고, 원하는 모든 것이 일상에 뿌리를 내린 환상에 매달릴 수도 있다. 하지만 있는 그대로의 모습이 아닌 환상일 뿐이다. 환상을 깊이 믿기 시작하면 망상이 된다. 망상은 자칫 심각하게 해로운 영향을 미칠 수도 한다.

당신에게 맞지 않는 건 절대 머무르지 못한다는 것이 진실이다. 모르는 척하고 싶어도 당신은 안다. 느낄 수 있다. 그렇게 단단히 움켜쥔 채 아무것도 내놓으려 하지 않는 이유도 사실은 알고 있기 때문이다. 당신에게 맞는 것은 옳다고 설득할 필요도 없고 애걸하듯 증거를 늘어놓을 필요도 없이 당신에게 머무른다.

때로 우리는 낡은 꿈속에서 길을 잃는다. 남들이 요구하는 삶속에서 길을 잃는다. 되어야 한다고 생각하는 모습, 될 거라 여겼던 모습에 갇힌다. 상황이 달라지고 모든 것이 제대로 풀렸다면 무엇이 가능했고 어떻게 되어야 했을까 하는 생각에 사로잡힌다. 삶이 이런 보험을 주는 이유는 우리에게 맞지 않는 것을 털어내기 위해서다. 똑바로 바라보고 싶지 않았던 것을 바라보고, 빠져나오고 싶지 않았던 환상으로부터 우리를 끌어내기 위해서다.

진실은 자신에게 맞지 않는 건 원하지 않는다는 것이다. 우리는 그저 집착한다. 그저 두려워한다. 더 나은 상황이 찾아오지 않으리라는, 무한한 고통이 지속되리라는 생각에 사로잡힌다. 우리는 자신에게 맞지 않는 것을 원하지 않는다. 다만 안전하게 만들어준다고 믿는 것들을 떠나보내기가 두려울 뿐이다. 재미있는 점은 자신에게 맞지 않는 것에 매달리는 것만큼 불안정한 일이 없다는 것이다. 이보다 더 빨리 무너지는 길은 없다. 이처럼 내적 혼란을 일으키는 것도 없다.

자신에게 맞지 않는 것은 절대로 삶에 남아 있을 수 없다. 그 힘이 매일의 삶 곳곳을 헤집어놓기 때문이 아니다. 당신도 깊숙한 내면에서는 그것이 자신과 맞지 않는다는 사실을 알기 때문이다. 결국 맞지 않는 것을 떠나보내고 현실을 향해 걸어나가야 한다. 저항하는 존재도, 발목을 잡는 존재도, 맞지 않는 것을 당신에게 맞춘다면 정말 대단할 거라는 환상을 지어내는 존재도 바로 당신이다.

당신에게 맞지 않는 것이 유지될 수 없는 이유는 당신이 원하지 않고 선택하지 않기 때문이다. 준비가 되면 당신은 그것을 떠나보내고 멀어질 것이다. 그러면서 그토록 애착을 느꼈던 것이 순간적인 안정감을 안겨주는 작은 불빛에 불과했음을 깨달을 것이다.

트라우마 해방일지

트라우마란 머릿속에 있는 것으로 은유적인 개념이라고 흔히들 생각한다. 하지만 사실 트라우마는 신체적인 문제다. 트라우마는 무언가에 공포를 느끼고 그 공포를 넘어설 수 없을 때 나타난다. 해결할 수도, 물리칠 수도 없는 공포는 그대로 남고 인간의 생존 반응인 투쟁-도피 상태가 유지된다.

트라우마는 안정감이라는 기본 감정과 분리되는 경험이다. 따라서 대단히 파괴적인 편향을 보이며 뒤틀어진 세계관을 구축한다. 모든 자극에 과민해져서 괜한 추측, 과도한 생각과 반응을 보이고 쉽게 발끈하며 중립적 상황을 개인적으로 해석한다. 정신적인 '전투 태세'가 지속되는 것이다.

트라우마를 경험한 후 우리의 뇌는 일시적으로 바뀌어 무엇에서든 잠재적 위협을 찾으려고 든다. 이렇게 되면 애초의 문제에서 벗어나기도, 희생자가 되었다는 강박을 키우지 않기도 어렵다. 결국 뇌는 온 세상이 당신을 공격하려고 한다는 걸 상상할 수 있는 모든 방식으로 보여준다.

두려움이나 불안을 치료할 때 비슷한 상황에 자주 노출시키는 방법이 효과적인 이유가 여기 있다. 스트레스 요인을 서서히 삶에 받아들이고 처리 가능하다는 것을 보여줌으로써 뇌는 다시 중립 상태로 돌아온다. 통제와 안전 감각이 재형성되는 것이다.

강한 사회적 유대와 정신적 회복탄력성을 지녔을 경우 트라우마 사건을 자기 파괴가 아닌 자기 성찰, 성장, 공감, 치유의 촉매로 활용하는 이유도 마찬가지다. 안정감이라는 핵심 감정에 여러 가닥으로 연결된 덕분에 한 가닥이 손상되거나 끊어져도 다른 가닥으로 버티는 것이다.

트라우마 사건 이후 뇌에는 어떤 일이 일어날까? 신경학적으로 스트레스는 뇌의 세 부분에서 처리된다.[13] 첫 번째가 편도체, 두 번째가 해마, 세 번째는 전전두엽 피질이다. 트라우마 이후 찾아오는 PTSD(외상 후 스트레스 장애)로 고통받는 사람들은 해마(감정과 기억 관장 부위)가 더 작고 편도체(숙고와 창의성 관장 부위) 기능이 커지며 내측 전전두엽medial prefrontal과 전측 대상회anterior cingulate

의 기능(계획 수립과 자기 발전 같은 복합적 행동 관장 부위)이 줄어든다. 그리하여 트라우마는 다음과 같은 영향을 미친다.

- 온전한 기억 처리가 되지 않아 사건이 조각들의 형태로 남는다. 이로써 단절되었다는 느낌도 생긴다.
- 다양한 감정을 처리할 능력이 줄어든다.
- 사고가 경직되어 미래 계획을 세우기 어려워지고 자아실현이나 발전이 정지된다.
- 투쟁-도피 상태의 신체는 생존에 필수적인 기능 외에 모든 것을 중단시킨다. 신체는 극도로 예민해지고 자극에 쉽게 반응한다. 이런 신체적 반응은 매우 인간적인 측면으로서 우리가 생물 종으로 생존할 수 있었던 요인이다. 하지만 이런 반응이 오래 지속되면 곤란하다.

수 세기 전 우리 인류가 자기실현의 낮은 단계, 즉 매슬로 욕구 단계Maslow's hierarchy of needs의[14] 아래쪽에 있었을 때 가장 중요한 것은 신체적 생존이었다. 하지만 오늘날 우리의 주된 관심은 사회적 인정과 돈, 정신적 성장을 통한 자기실현과 의미 부여에 있다. 이 모든 과업을 짊어진 현대인들은 정신적, 감정적 투쟁을 점점 더 많이 벌이고 있다. 극복해야 할 신체적 고난도 여전히 많은데 말이다.

회복은 아주 단순하게 보면 안전하다는 느낌을 되찾는 것이다. 하지만 여기서 가장 중요한 점은 트라우마를 남긴 바로 그 영역에서 안정감을 되찾아야 한다는 것이다. 어린 나이에 연애에서 트라우마를 겪은 이들은 더 매력적으로 보이려고, 성공하려고 에너지를 쏟는다. 그렇게 훌륭해지고 나면 두 번 다시 거부당하는 일이 없으리라 믿는다. 하지만 다들 알고 있듯이 그렇지 않다. 오히려 유해하고 파괴적인 집착을 가져올 뿐이다.

인간관계에서 트라우마를 겪었다면 다른 건강하고 안전한 관계를 통해 안정감을 되찾아야 한다. 돈 때문에 트라우마를 겪었다면 충분히 번 다음 비상시에 대비해 저축함으로써 안정감을 되찾아야 한다. 실업으로 트라우마를 겪었다면 다시 실업 상태가 닥쳤을 때 계획을 수립하고 부업을 개발하면서 안정감을 되찾아야 한다. 괴롭힘을 당해 트라우마를 겪었다면 새로운 친구를 만나 안정감을 되찾아야 한다.

그렇지만 대부분 사람은 진짜 문제가 아닌 다른 영역에서 보상을 받으려고 한다. 예를 들면 인간관계가 문제인데 돈을 모아 안정감을 느끼려는 식이다. 그러면 실패할 수밖에 없다. 문제가 해결되지 않기 때문이다. 트라우마는 머릿속에 있지 않다. 신체의 반응으로서 뇌의 상태를 바꿔버린다. 신체가 본래 상태로 되돌아가도록 하는 유일한 방법은 안정감을 되찾아 생존 모드를 끄는 것이다.

감정 창고 비우기

*

감정 창고는 비유하자면 이메일 계정과 같다. 감정을 경험한 다는 것은 신체가 보내는 작은 메시지를 하나씩 수신하는 것이다. 열어보지 않으면 나중에는 읽지 않은 메시지가 1,000개 이상 쌓일 수 있다. 당신의 삶이 앞으로 나아가기 위해 꼭 필요한 핵심 정보와 중요한 통찰을 담은 메시지가 말이다. 바빠서 메일을 열어볼 시간조차 없다면 당신은 어떤 메시지에도 응답하지 못할 것이다.

감정이 선택 가능한 경험이라는 것은 착각이다. 그렇지 않다. 하지만 우리는 감정을 회피하는 데 탁월하며 여러 방법을 동원한다. 감각을 둔하게 만드는 약물에 의존하기도 하고 자기보다는 남의 문제에 집중하는 투사와 비판 방식을 동원하기도 한다.

꽉 찬 감정을 내보내주어야
진짜 나에게 필요한 것으로 채울 수 있다

온갖 세속적 목표를 추구하며 신체가 긴장하도록 만들어 감정을 차단하기도 한다.

심리적으로 이런 방법이 오래 효과를 발휘하지 못한다는 사실은 당신도 알 것이다. 감정 창고는 엉망이 되기 시작한다. 결국은 고요히 앉고 잠자고 울며 모든 것을 느껴야 할 때가 온다. 여기서 무언가 시적이고 신비로운 진실을 말할 수 있다면 좋겠지만 그런 건 없다. 그저 감정을 느낄 때 당신 안에서 일어나는 생리 작용을 해부해야 할 뿐이다.

감정은 신체적 경험이다. 우리는 모든 것을 규칙적으로 몸 밖으로 배출한다. 배설하고 땀을 흘리고 눈물을 쏟는다. 한 달에 한 번씩 피부 전체를 떨어뜨린다. 감정도 다르지 않다. 마찬가지로 놓아 보내야 하는 경험이다. 놓아 보내지 않으면 감정이 신체에 스며든다. 말 그대로 달라붙는다. 감정에는 운동 부위가 있어 일단 작동하면 당신이 억누르거나 무시하기 전에 미세 근육 활성화가 이루어진다. 그리고 신체는 즉각적으로 반응한다. 고통과 긴장이 신체 부위에 저장된다. 표현되기 시작했으나 완성되지 못한 그곳에 말이다.

신경학적으로 보면 이는 감정을 관장하는 뇌 부위인 전측 대상회가 전운동영역premotor area 옆에 위치하기 때문이다. 감정이 처리될 때 즉각 신체 반응이 일어나는 이유가 여기 있다. 전운동 영역은 운동피질과 연결되어 각 근육으로 전달되고 감정을 표현한다. 이때 어떤 근육이 어떤 감정을 표현하게 되는지는 상황에 따라 다양하다.

감정에 대한 신체 반응이 어디서 나타나는지와 관련해 흥미로운 언어 표현들이 많다. 두려움은 간에서(간이 콩알만 해지다), 고통은 가슴에서(가슴이 찢어진다), 스트레스와 불안은 어깨에서(어깨가 축 처지다), 못마땅한 마음은 배속에서(속이 부글거린다) 느끼는 식이다.

감정의 작용은 이보다 더 깊은 차원에서 이뤄진다. 누군가 선넘는 행동을 하면 본능적으로 고함을 지르고 싶을 것이다. 하지만 정말로 고함을 지르는 것은 비효율적이므로 일단 뒤로 물러선다. 그 순간에는 옳은 행동이었겠으나 신체, 특히 목이나 목구멍에는 긴장이 남는다. 감정에서 비롯된 심신증psychosomatic disease은 조금 더 추상적으로 나타나기도 한다. 앞으로 나아가야 한다는 트라우마 때문에 무릎이나 다리 통증이 생기는 식이다.

우리의 몸은 소리 없는 신호를 보낸다. 신체의 말을 해석하는 법을 익히고 나면 완전히 새로운 방식으로 자신을 치유할 수 있다. 그러니 완전히 표현되지 못한 감정이 신체에 쌓인다는 사실을 기억하라. 이런 상태일 때 감정을 내보내려 하면 무엇부터 시작해야 할까?

여러 전략이 있지만 무엇보다 자신에게 효과적인 것을 선택해야 한다. 만병통치 전략은 없다. 많은 사람에게 효과적이었던 방법을 소개하겠다. 여러 방법을 한꺼번에 사용하면 더 좋다.

1. 평온함을 위해서가 아닌 있는 그대로 느끼기 위한 명상 시작하기

지금까지 명상에 대해 들어온 이야기와 반대되는 이야기일 것이다. 하지만 이것이 명상의 핵심이다. 10분 동안 앉아서 억지로 이완하려고 하면 애초에 명상이 필요했던 바로 그 압박감을 또다시 부르는 셈이 된다.

편안하게 앉아 떠오르는 감정들을 경험해보자. 분노, 공포, 슬픔, 계속 마음을 스치는 말소리 등. 아무리 자극적이고 괴롭다고 해도 반응하지 말고 고요함을 유지하라. 이 생각과 감정들이 떠올랐다가 당신의 무반응에 스쳐 지나가도록 하는 법을 배우는 것이다. 연습이 필요하다.

2. 호흡을 통해 긴장된 신체 부위 찾기

몸의 어느 부분에 고통이 축적되었는지 알아내는 건 어려운 일이 아니다. 느낄 수 있기 때문이다. 가슴, 위장, 어깨 등 불편한 부분이 있을 것이다. 그래도 잘 모르겠다면 혹은 아픈 곳에 특별히 집중하고 싶다면 호흡 살피기를 할 수 있다. 천천히 들이쉬고 내쉬면서 호흡 사이에 공백을 두지 마라. 이렇게 하다 보면 어딘가 결리거나 딸꾹질이 날 수 있다. 호흡하는 과정에서 몸의 어느 부분에 긴장이 쌓여 있는지 분명하게 느끼기 시작할 것이다.

불편한 부위를 파악했다면 더 느끼면서 그것이 무엇인지, 어디서 오는지, 무엇을 알려주고 있는지 그려보라. 특정 기억이나 과거의 자기 모습으로 되돌아갈 수도 있다. 경험하고 본 것을 기록하라. 신체는 은유로 말하는 일이 많으므로 모든 것을 고스란히 옮길 필요는 없다.

3. 땀 흘리고 움직이고 울기

감정을 떠나보내기 위해 가장 어렵고 가장 중요한 마지막 방법은 감정을 그대로 느끼는 것이다. 이는 정말이지 민망하고 거북할 수 있다. 산책, 요가, 스트레칭, 외출, 트리거 생각과 대면하기, 엉엉 울기 등 다양한 방법으로 당신을 내몰기도 한다.

감정이 건강하다는 것은 늘 고요하고 행복한 상태를 뜻하지 않는다. 다양한 범위의 감정, 좋고 나쁨을 모두 경험하면서 그 어느 쪽에도 집착하지 않는 것이 감정적 건강이다. 마찬가지로 정신이 건강하다는 것은 생각을 하고 느끼면서 반응하지 않는 능력을 갖춘 것이다. 반응 없음이라는 그 반응에서 우리는 힘을 얻고 삶을 되찾는다.

당신은 완벽해지기 위해 태어나지 않았다. 언제나 행복하기 위해 태어나지도 않았다. 하지만 온전한 인간이 되기 위해, 두려울 때도 그 감정을 고스란히 느끼기 위해 매일 노력한다면 진정 아름다운 방식으로 거듭날 수 있다.

나의 구원자는 결국 나 자신이다

*

마음 치유는 신체 치유와 같지 않다. 병에 걸리거나 다치면 점진적인 회복 과정을 거쳐 과거의 건강했던 상태로 거의 되돌아간다. 그러나 마음 치유는 다르다. 과거의 상태로 돌아갈 수 없기 때문이다. 완전히 바뀌어 전과는 전혀 다른 사람이 된다.

폭력적이고 가혹하게 들릴지 모르지만 이렇게 되는 것이 맞다. 치유는 편안하고 행복한 상태로 사뿐히 들어 올려져 계속 머무는 것이 아니다. 치유는 가장 불편하고 파괴적이며 당신이 하려는 그 어떤 일보다 더 중요하다.

자기 치유는 가장 자연스러운 상태, 자신을 억압하는 타인의 의견에서 벗어날 자유를 갈망하고 의심 없이 창조하며 두려움 없이 나서고 조건이나 제약 없이 사랑하는 상태다. 당신 그대로의 모습이야말로 당신이 상상조차 못 했던 최고의 모습, 가장 핵심적인 모습이다.

그렇게 되는 방법은 무엇일까? 사실 자기 치유를 위해서는 해야 할 일이 많다. 당신의 불만과 공격성, 늘 무시해왔던 갈망과 공포를 솔직하게 꺼내놓아야 한다. 삶에서 잘못된 것이 무엇인지 정확히 찾아내 바로잡는 작업을 해야 한다. 진짜 감정에 완벽하게 솔직해지고 진정으로 그 감정을 느껴야 한다.

치유를 위해서는 깊숙이 숨은 골칫거리를 느껴야 한다. 잠재의식에서 그 경험을 재창조해 적당히 흘려보내는 식이어서는 안 된다. 치유는 경험을 세탁하고 청소해서 깨끗하게 만드는 것이 아니다. 치유하고자 한다면 그동안 불편하다는 이유로 잘라내고 묻어버렸던 모든 감정을 온전하게 표현해야 한다. 자기 안의 암흑과 남김없이 대면해야 한다. 도저히 뚫고 갈 수 없는 장벽이라 여겼던 바로 그곳에 온전하고 파격적인 자유가 존재하기 때문이다. 더 이상 무엇도 두렵지 않게 되었을 때, 자기 삶의 어떤 부분에도 저항하지 않게 되었을 때 마법 같은 일이 일어난다. 평화를 찾는 것이다.

분명히 해두자. 고통이 영원하지는 않을 것이다. 너무 오래 아프지도 않을 것이다. 하지만 치유가 점진적으로 이뤄져 과거의 모든 경험을 처리했다고 해도 결코 상처받기 이전의 모습으로 되돌아가지는 않는다.

지금 우리는 긍정적 붕괴라 부를 수 있는 시기를 통과하는 중이다. 현재의 상황에 대처하고 가능하다면 성장까지 할 수 있는 존재로 자아 개념을 조정하는 것이다. 이는 건강하고 정상적인 일이며 자연스러운 일이다. 하지만 왠지 겁이 나고 두렵다. 불편할 것 같아서 그렇다. 편안함, 쉬움, 모든 것이 완벽하다는 환상 등 지금까지 우리가 가치 있는 삶의 모습이라고 여긴 것들을 당장 얻을 수도 없다.

치유는 신속하게 기분을 낫게 해주지 않는다. 서서히 시간을 들여 올바른 삶을 만들어간다. 치유는 어디서 흔들렸는지 찬찬히 따지고 받아들이면서 자신을 환대하는 것이다. 과거의 실수로 되돌아가 해결하고 우리 안으로 깊숙이 들어가고 그 안에 있는 분노와 공포, 옹졸함을 해결한다.

치유는 변화의 불편함을 피하기만 하지 않겠다고 거부하는 것이다. 평범함을 1초도 참아내지 않겠다고 거부하는 것이다. 어차피 불편함을 피할 길은 없다. 불편함은 어딜 가든 우리를 따라다닐 것이다. 결국 둘 중 하나다. 과거에 스스로 부여한 한계를 어렵게 밀어내고 경계를 벗어나 꿈꾸던 사람이 되든지, 아니면 주저앉아서 자기가 만들어낸 공포를 곱씹으며 떨치고 일어나지 못하는 자신을 정당화하든지.

처음에는 치유 과정이 퍽 어렵다. 난생처음으로 자신을 솔직하게 바라봐야 한다. 안전지대에서 걸어 나와 원하는 모습을 향해 돌진해야 한다. 치유는 우리를 더 편안하고 한가롭게 만들어주지 않는다. 불편함을 두려워하는 대신 동력으로 삼도록 만들어준다. 멈춰 있는 순간을 불평하는 대신 생산적으로 활용하도록 한다.

치유는 모든 것을 바꿔놓는다. 하지만 그 출발점은 두려워서 느끼지 않던 것을 기꺼이 느끼는 것이어야 한다. 분명히 해두자. 최고의 당신 모습은 자연적으로 물려받은 모습이다. 그렇게 되라고 태어난 모습이다. 치유는 당신을 제한하는 병증, 즉 당신의 발목을 잡아 최고의 모습이 되는 걸 방해하는 두려움을 떠나보내는 것이다.

치유는 이전의 당신으로 되돌아가는 것이 아니다. 이전의 당신은 다가올 폭풍을 내다보지 못했고 폭풍에서 자신을 보호할 방법을 몰랐기 때문이다. 인식이 부족하고 어리숙했던 과거의 모습으로 되돌아가는 것이 아니다. 아무 생각 없이 즐거운 상태, 삶이 던져주는 모든 좋고 나쁨과 고통을 몰랐던 때로 가려는 것이 아니다.

치유의 반대편에서 얻는 것은 그보다 더 크다. 지금까지 해본 적 없는 경험을 하게 된다. 고통스러운 과정을 지나 더 큰 회복 탄력성, 더 높은 자기 충족감, 더 강한 내적 힘을 얻는다.

당신을 구원해줄 존재는 세상에 없으므로 스스로 구원해야 한다. 그리고 그것이 인생의 궁극적 목표임을 깨달아야 한다. 이 과정에서 우리는 내적인 힘을 발견한다. 자신의 힘과 영향력을 깨달아 삶의 방향을 다시 설정하고 전략을 세운다. 통제할 수 없는 것 대신 통제 가능한 것 위에 삶을 세워가야 함을 깨닫는다.

치유되면 망가졌던 그곳에서 더 강해진다. 이기적이었던 그곳에서 더 배려하게 된다. 등한시하던 그곳에서 책임지게 된다. 더 세심하고 유능하고 관심을 기울이게 된다. 더 배려하고 공감하고 조심스러워진다.

그렇지만 두려움은 더 이상 필요 없다. 두려움은 당신을 보호하지 않는다. 행동이 당신을 보호해준다. 걱정은 당신을 보호하지 않는다. 준비가 당신을 보호해준다. 과도한 생각은 당신을 보호하지 않는다. 이해가 당신을 보호해준다.

트라우마가 지나간 후 우리는 두려움과 고통에 매달리면서 그것이 안전을 위한 조치려니 여긴다. 언제 무서운 일이 닥칠지 모른다고 끊임없이 상기함으로써 그 일을 피할 수 있다고 잘못 생각하는 것이다. 하지만 그런 생각은 효과가 없을뿐더러 정작 그런 일이 닥쳤을 때 제대로 대처하지도 못한다. 옷장 속의 괴물을 걱정하느라 분주한 나머지 건강, 인간관계, 장기적 목표, 돈, 사고방식 등 정말 중요한 것이 망가지기 때문이다.

완전히 치유되고 나면 불편함을 참아내는 일도 끝난다. 뭔가 나쁜 일이 일어날 때 인식하고 행동하면 된다. 행동하지 않으면 어떻게 될지 이미 알고 있으니 말이다.

완전히 치유되고 나면 앞을 내다보면서 원인과 결과를 이성적으로 따질 수 있다. 행동이 결과를 낳으므로 인생의 결과를 더 잘 통제하려면 더 좋은 습관을 가져야 한다는 점을 깨닫는다.

완전히 치유되고 나면 지금 이곳에서 즐길 줄 아는 것이 그 무엇보다 중요하다는 사실을 알게 된다. 지금 여기 존재하며 삶을 누리는 걸 방해하는 것이 있다면 극복하려고 하게 된다.

그렇게 하는 이유는 삶이 짧고 일시적이기 때문이다. 지금 당신에게 주어진 것은 내일이면 사라질 수 있다. 더 힘주어 움켜쥐거나 꽁꽁 묶어 감춘다고 해서 사라지지 않는 게 아니다. 누구든, 무엇이든 결국은 사라지고 앞으로 나아간다. 그날이 오면 그제야 제대로 즐기지 못했다고 후회할 것이다. 그러면 치유는 무엇일까? 그 무엇도 당신의 짧은 삶이라는 가치 위에 두지 않는 그곳에 이르는 것이다.

복수하기 위해 변화하지 마라

＊

당신의 변화를 다른 사람들은 알아차리지 못할 수도 있다. 겉으로는 아무것도 보이지 않을지도 모른다. 이별과 보복 다이어트가 잦은 세상, 극적인 변신을 인스타그램에 올려야 한다고 떠드는 세상에서 우리는 우리 자신을 치유하고 개선하고 함께 나아가야 한다는 사실을 잊고 말았다.

진정한 변화는 당신의 과거 속 사람들이 틀렸음을 증명하기 위한 게 아니다. 만족감을 느끼고 미래에 대한 희망이 가득해서 더 이상 과거를 생각하지 않는 것이다. 사람들의 눈에 다르게 보이고 싶다는 목적만으로 삶을 변화시키고자 한다면 당신은 여전히 당신에게 아무 애정도 없는 사람들 주변을 맴도는 셈이다.

그 차이는 언제든 분명히 알 수 있다. 진정으로 변화한 사람은 겉모습이 어떻게 보이는지에 관심을 두지 않는다. 어떻게 느껴지는지, 느낌 아래 실제가 어떤지에 집중한다. 진정한 자기 변화는 이렇다. 위장막을 모두 걷어내고 진짜 문제를 드러낸다. 이것이 치유이자 긍정적인 변화다. 남의 시선보다 자기 마음을 우선시하는 최초의 시도다.

더 좋아 보이는 이미지를 꿰맞추는 일은 누구나 할 수 있다. 그림과 그림을 연결해 편집하고 자르거나 이어 붙이면서 이야기를 만드는 일도 누구나 할 수 있다. 돈으로 아름다움을 얻을 수 있고 멋진 모습을 꾸며내 실제보다 훨씬 잘난 사람으로 보이게 할 수 있다. 남들에게 자신을 증명하기 위해 이토록 애를 쓰는 것은 내면이 여전히 텅 비어 있다는 뜻이다.

10년 전보다 자기가 더 커졌는지 작아졌는지, 멋지게 변했는지 아닌지를 아예 걱정하지 않고 그보다는 지금 자신이 자존감, 진정한 인간관계, 감정적 자유, 정신적 명료함, 직업에 대한 만족, 좋아하는 일, 더 친절하고 공감하는 성격을 가졌는지 아닌지에 더 신경을 쓴다면 어떨까? 성공이 사진이나 승진 경력, 증명서나 급여로 보여줄 수 없는 것이라면 어떨까? 오늘 어떤 기분인지, 어제보다 더 좋은 기분인지, 전체적으로 더 자신감이 느껴지는지가 중요한 것이라면?

삶에는 비포before도, 애프터after도 없다. 우리는 늘 허물을 벗고 다른 존재가 되어간다. 당신이 간절하게 고대하는 순간, 잘나가는 당신을 모두가 존경의 눈빛으로 올려다보는 그 순간은 당신 혼자만의 게임이다.

당신의 생각대로 당신을 바라보는 사람은 아무도 없다. 당신이 바라는 대로 당신에 대해 생각하는 사람도 아무도 없다. 사람들은 자기 자신을 바라보고 자신에 대해 생각한다. 각자 자신을 파악하느라 바쁘다. 슬퍼할 일이 아니라 자유를 느껴야 할 일이다. 당신은 이로써 궁극적으로 자유로울 수 있다.

자신을 제외하고 아무에게도 자신을 증명할 필요가 없다. 당신의 생각만큼 과거 속 사람들이 당신을 못마땅해했던 것도 아니다. 이것은 당신에게 발견이자 성장이며 변화다. 당신이 자신을 대면하고 바라볼 첫 번째 기회다. 될 수 있으리라 여겼던 바로 그 모습이 되어가는 것이다. 마침내 잠재력을 충분히 발휘하며 살아가는 것이다.

그러려면 무엇보다도 과거의 자신이 최고가 아니었음을 인식해야 한다. 당신은 당신이 바라는 방식대로 행동하지 않았다. 당

아무에게도 당신을 증명할 필요가 없다
이것이 성장의 첫 번째 발견이다

신은 해야 하는 대로 하지 않았다. 당신이 희망했던 모습이 아니었다. 다른 누군가가 틀렸음을 간절히 증명하려 애쓰는 건 실상 기대만큼 살아내지 못했다는 자신의 실망감을 감추려는 행동이다. 그러니 기억하라. 다음번에 또다시 자신을 포장하는 이야기를 만들어 남을 설득하려고 한다면 아직도 남의 인정을 기대하는 것인지 스스로에게 물어봐야 한다. 자신을 아직도 인정하지 못했다는 대답이 거의 언제나 나올 것이다.

the mountain is you

제6장

미래의 나와
만나는 연습

앞에서 당신은 과거의 경험을 놓아 보내는 어려운 과제를 해냈다. 이제는 새로운 현재와 미래를 만드는 쪽으로 주의를 돌릴 때다. 과거를 놓아 보낸 후 더 좋은 것을 만들려면 일단 바탕을 깨끗하게 만들어야 한다. 과거를 놓아 보내려고 시도하지만 성공하지 못하는 이들이 가장 많이 빠지는 함정은 여전히 과거에 관심을 두는 것이다. 이제는 당신이 원하는 모습을 그리고 그 모습과 자신을 연결해야 한다. 그리고 당신의 전체 인생과 일상의 삶을 설계하고 존재의 진정한 목적을 밝혀야 한다.

미래의 자신과 만나는 방법

*

　심리 치료에서 널리 사용되는 도구로 '내면 아이'inner child 만나기,[15] 즉 어렸을 때의 자신을 상상하고 연결되는 과정이 있다. 이 과정에서 당신은 당신 자신의 안내자가 되어 트라우마 사건으로 되돌아가기도 하고, 지금의 지혜로 과거의 사건을 다시 해석하기도 한다. 하지만 내면 아이와 연결되는 과정은 그 아이와 대화를 하는 방식인 경우가 더 많다. 그 대화는 당신 안의 욕망, 열정, 두려움, 감정을 발견하게 해줄 것이다.

　여기서는 내면 아이를 만나는 과정과 반대로, 미래의 자신과 만나는 연습을 할 것이다. 이 과정은 인생의 최종 목표를 설정한 후 거기에 도달하기 위해 매일, 매주, 매달, 매년 해야 하는 일을 설정하는 역방향 설계로 이루어진다. 시각화 기법을 통해 가장 큰 잠재력을 지닌 미래의 자신과 연결되는 것이다.

1단계: 두려움과 대면하기

　조용한 곳에 자리 잡고 앉는다. 현재 이완된 상태인지, 마음을 열고 받아들일 수 있는 상태인지 확인하라. 두려움을 느끼는 상태라면 오히려 두려움만 더 커질 수 있다.

눈을 감고 명상에 들어가라. 심호흡을 하며 몇 분 동안 자신에게 집중하라. 행복하고 편안한 공간, 환하게 불이 켜진 편안한 책상에 앉아 있다고 상상하라. 그런 다음 미래의 자신이 다가와 옆에 앉아 이야기를 나눈다고 상상하라. 몇 살인지 물어볼 수도 있지만 대개는 모습을 보면 나이를 짐작할 수 있다.

가능한 한 최고의 모습을 하고 있는 자신을 불러내라. 뭔가 겁이 난다면 마음속 두려움 때문이지, 실제로 일어날 일 때문이 아니라는 점을 인식하라.

일단 여기까지 도달했다면 미래의 자신으로부터 조언을 받기 시작할 것이다.

2단계: 미래의 자신이 어떻게 보이는지 관찰하기

미래의 당신이 무슨 말을 할지 상상하지 말고 일단 어떻게 보이는지, 어떻게 행동하는지, 표정은 어떤지에 주목하라. 미래의 자신을 만나는 과정의 핵심은 당신이 그 미래 모습과 섞여 들어가는 것이다. 가장 이상적인 자기 모습을 명확히 보고 이를 위해 현재의 삶이 어떻게 변화해야 하는지 알아내야 한다.

미래의 자신이 매일 무엇을 하고 무엇을 느끼는지, 무엇을 입고 있는지 살펴라. 당신이 되어갈 모습의 열쇠다.

미래의 자신을 만나면
현재의 삶이 어떻게
변화해야 할지 알 수 있다

3단계: 안내 요청하기

미래의 자신에게 거대한 질문을 마구 퍼부으면 열린 마음으로 강하게 끌리기보다 패닉에 빠지기 쉽다. 그러지 말고 미래의 당신이 나누려 하는 것에 마음을 열어라. 그 메시지는 긍정적이고 신나며 유익하고 확신에 차 있을 것이다. 설사 '이 인간관계는 그만 끝내버려야 해' 같은 메시지라고 해도 평온하고 안심하게 만들어주는 말투여서 편안한 확신을 안겨줄 것이다.

4단계: 새로운 삶으로 가는 '열쇠'를 건네받는다고 상상하기

또 다른 연습으로 3, 5, 7년 전의 자신이 옆에 와서 앉았다고 상상할 수 있다. 이 과정에서는 지금의 자신과 연결될 수 있을 만큼 가까운 시기이면서 변화한 모습이 보일 만큼 먼 시기를 택한다. 그런 다음 자주 갔거나 살았던 공간에 앉았다고 상상하라. 그리고 과거의 자신에게 현재 삶의 모습을 말해주고 현재의 자신이 될 수 있는 모든 정보를 제공한다. 예를 들면 자동차 열쇠, 직장 이메일 주소, 계좌번호, 옷차림, 경력이나 인간관계 혹은 일상적인 습관을 위한 지침 등을 건네줄 수 있다.

아니면 미래의 당신이 현재 삶에 대해 정보를 준다고 상상해도 좋다. 당신이 들어가 살게 될 집의 열쇠, 결혼반지 등 최고의 미래와 연결되는 어떤 요소든 말이다.

　이 과정을 통해 당신은 더 편안함을 느끼고 자신감이 생길 것이다. 두려움은 마음과 직감이 만들어내는 환상이자 장난에 불과하다. 미래의 당신은 명료하고 멋진 인생이 얼마든지 가능하다는 사실을 상기시킬 것이다.

여전히 트라우마에 사로잡혀 있다면

❋

　두려워하던 일이 일어나고 시간이 지난 뒤에도 그 두려움을 극복하지 못할 때 우리는 트라우마에 사로잡힌다. 트라우마는 기본적인 안정감과 분리되는 경험이다. 1차 양육자와의 애착 관계가 흔들릴 때 가장 극명하게 나타난다. 하지만 세상이 트라우마를 안겨주는 방법은 무수히 많고 그 정도도 다양하다.

　트라우마가 무엇이고 어떻게 생겨나는지에 대한 이론은 많다. DNA를 통해 유전된다고 믿는 이들도 있고[16] 학습된 유형과 관찰을 통해 정신적, 감정적으로 공유된다는 주장도 있다. 가장 일반적인 주장은 대인 관계에서 강한 경험을 했는데 대처 메커니즘이 제대로 없었을 경우 트라우마가 만들어진다는 것이다.

출발점이 어디든 트라우마가 지속되고 있다면 스스로 느끼고 알 수 있다. 우선 신체적으로 신호가 온다. 불안, 긴장, 두려움, 공포, 슬픔, 죄의식 등이 느껴진다. 직접적인 명확한 이유도 없이 난데없이 찾아오는 감정이다. 당신은 엉뚱하게 과민 반응을 보이기도 하고 심지어는 문제가 해결된 후에도 여전히 패닉에서 벗어나지 못한다. 이것이 트라우마의 전형적인 특징이다.

트라우마는 머릿속이 아닌 몸에 있다

트라우마 극복을 위해 가장 먼저 알아야 할 사실은 트라우마가 신체적 문제라는 점이다. 당신의 세포에 트라우마로 인해 생겨난 감정, 에너지, 유형이 저장되는 것이다. 고맙게도 신체적 증상으로 드러나는 덕분에 바닥 깊숙이 숨은 문제를 찾을 수 있다. 치유를 위해서는 몸부터 사용해야 한다.

1단계: 트라우마 경험을 일으킨 원인 규명하기

긴장되고 경직된 곳이 어딘지 파악하라. 우리의 몸은 우리를 보호하기 위해 딱딱해진다. 다리가 부러지면 근막이 천연 깁스처럼 딱딱해져서 그 방향으로 다리를 구부리지 못한다. 마찬가지로 마음이 상처받으면 감정이 딱딱해져서 다시 그 느낌을 겪지 못한다. 결국은 다리를 움직여 걸어야 하듯 결국은 다시 사랑하고 삶을 살아가야 한다. 우리를 보호해주던 갑옷을 서서히 부드럽게 만들어 앞으로 나아가야 한다.

트라우마 치유는 심리 분석만의 문제가 아니다. 신체적으로 거쳐야 할 문제다. 일정 자극에 과민 반응하는 자신을 발견한다면 몸이 긴장도를 높여 투쟁-도피 상태가 되었음을 알 것이다. 깊은 심호흡을 통해 딱딱해졌던 신체 부위를 다시 이완시킴으로써 치유할 수 있다.

자신을 달래는 방법은 다양하다. 명상, 호흡, 물 마시기, 숙면, 향기 요법, 소리 치료, 그 외에도 당신에게 맞는 방법이면 무엇이든 좋다. 뇌와 몸이 패닉 상태 또는 생존 모드에서 벗어나도록 필요한 조치를 해야 한다.

2단계: 안정감 되찾기

무언가에 두려움을 느꼈는데 언제라도 또다시 그런 일이 생길 수 있다는 생각이 트라우마를 만든다. 위협이 끝없이 지속되리라고 여기면서 힘겨운 사람을 계속 상대하거나 불편한 상황에서 벗어나지 못하는 것이다. 트라우마를 치유하려면 망가졌던 것과 정확히 같은 것을 다시 경험하고 끊어진 연결을 복원해야 한다.

인간관계의 트라우마라면 건강한 인간관계를 만들어야 한다. 돈의 트라우마라면 돈과 관련된 상황이 나아져야 한다. 여행 트라우마라면 다시 여행을 떠나야 한다.

이를 회피한 채 다른 해결책을 찾는다면 영원히 성공할 수 없다. 두려움 바로 아래에 우리가 정말로 간절히 원하는 것이 존재하는 경우가 자주 발생한다.

3단계: 미신적 사고와 느낌 중단하기

마지막으로 트라우마 극복을 위해서는 미신적 사고를 중단해야 한다. 앞으로 일어날 일을 미리 알 수 있다고, 사람들의 의도를 알 수 있다고, 당신의 느낌과 생각이 절대적인 진실이라고 여기지 말아야 한다. 하나의 트리거에서 시작된 이런 사고는 실패의 악순환을 만들어낸다. 무서운 일 하나를 바탕으로 미래가 어떻게 될지 예측하는 것이다.

당신은 예언자가 아니다. 다음번에 무엇이 올지 알지 못한다. 지금 무엇을 할지 선택하는 일은 언제나 가능하지만 말이다. 대부분 가장 큰 패닉 상태는 정말로 일어날지 확신할 수 없는 일에서 온다. 가정, 투사, 공포가 그 끔찍한 잠재적 현실을 이끈다.

트라우마는 상처를 많이 받은 사람이 겪는 것이라고 생각할지 모르지만 그렇지 않다. 누구나 각자의 트라우마를 안고 있다. 다만 거기에 어떻게 반응하는지, 궁극적으로 어떻게 성장해서 자기 극복을 이루는지가 삶의 방향을 결정한다.

내 최고의 모습은 어떤 모습일까

＊

당신은 지금 당신이 그리는 최고의 모습을 하고 있는가? 잠시 머뭇거렸다면 아마 대답은 '아니요'일 것이다. 누구나 여러 가지 자신의 모습을 갖고 있으며 상황에 따라 필요한 모습을 꺼내 든다. 친구들과 함께 있을 때의 당신과 부모님과 함께 있을 때의 당신은 같지 않다. 서로 다른 모습을 쉽게 넘나드는 것은 고도의 심리적 역량이다.

우리는 현재의 삶이 요구하는 자기 모습에 익숙하다. 직장에서, 집에서, 연인 앞에서 어떤 모습이어야 하는지 안다. 반면에 우리의 삶을 앞으로 진전시키기 위한 모습은 낯선 경우가 많다.

앞에서 말한 '내면 아이'와 만나는 과정은 어린 시절의 자신을 떠올려보거나 트라우마가 생겨난 바로 그때의 자신으로 연결되는 것이다. 내면의 어린 자신을 만나 대화하고 배우고 보호하고 필요한 조언을 주는데 이는 어마어마한 치유가 된다. 우리는 과거의 자신을 벗어나 진화하는 게 아니라 그 위로 쌓이는 존재이기 때문이다. 역시 이미 언급했지만 이 '내면 아이' 작업을 반대 방향으로 수행해 '미래의 자신'을 만나는 방법도 있다. 미래의 자신, 앞으로 성장해 도달할 모습, 당신이 도달해야 하는 그 모습을 상상하고 연결하는 것이다.

오늘 나의 최고의 모습은 무엇일까? 최고의 자신이 되기 위한 첫 단계는 그 모습을 그려보는 것이다. 현재 상황에서 벗어나라는 게 아니다. 스스로 물어보라. 지금 최고의 내 모습은 무엇일까? 나는 오늘 무엇을 할까? 당면한 도전에 어떻게 대응할까? 어떻게 앞으로 나아갈까? 어떤 생각을 할까? 무엇을 느낄까?

최고의 당신이 당신 삶의 CEO가 되게 하라. 최고의 당신은 모든 것을 고려해 결정을 내리는 관리자다. 전체를 책임지는 우두머리다. 당신은 최고의 자신을 위해 일하는 것이다. 일단 최고의 자신이 어떤 모습인지 분명하게 그리고 나면 그 모습을 실현하는 데 방해가 되는 습관, 성격, 행동을 평가하게 된다.

자신의 약점 인식하기

최고의 모습을 한 당신은 망상에 빠지지 않는다. 자신이 모든 것에 완벽하다고 믿지 않는다. 그런 믿음이 있다고 해서 정신적으로 강인해지는 것은 아니다. 최고에 이른 사람은 자신의 다양한 강점과 약점을 잘 알고 있다.

최고의 모습을 한 당신은 스스로 역량이 부족하다고 생각되는 일은 다른 이에게 맡긴다. 일상생활에서는 자신의 한계가 무엇인지, 자신을 움직이는 트리거가 무엇인지 안다. 덕분에 더 편안하게 생활하고 뭔가 잘못되어도 복구할 시간과 공간을 확보한다. "나는 이런 일이 힘드니까 시간과 노력을 더 들이겠어."라고 스스로 말할 수 있는 것은 최고의 능력 중 하나다.

기꺼이 미움받기

최고의 모습을 한 당신은 모두의 사랑을 받는 사람은 아니다. 그렇다고 해서 남들의 인정을 받기 위해 굳이 애쓰지 않는다. 바로 이 점이 중요하다. 최고의 자신이 되려면 기꺼이 미움을 받아야 한다. 사악하게 행동하라는 뜻이 아니다. 어떻게 행동하든 남들의 평가를 피할 수 없다는 뜻이다. 최고의 당신은 그 사실을 안다. 사람들의 저항이 전혀 없는 삶을 살기란 불가능하다. 그러니 기꺼이 미움받을 뿐 아니라 미움받을 것을 예상하면서도 밀고 나갈 수 있어야 한다.

목적을 바탕으로 행동하기

최고의 모습과 목적성은 동전의 양면이다. 정말로 최고의 자신이 되고 싶다면 원하는 삶이 무엇인지 확신하고 흔들리지 말아야 한다. 그리고 '순간을 위한 삶'에서 '목적을 위한 삶'으로 마음가짐을 전환해야 한다. 목적은 역동적으로 진화한다. 관심 있는 것, 잘하는 것, 세상이 필요로 하는 것이 일치하는 지점이다. 당신이 만들어내고 성취하려는 것을 정확히 해야 내면의 힘을 발견할 수 있다. 당신의 핵심과 일치하지 않는 꿈이라면 강력한 느낌을 받지 못할 것이다.

내면을 이해하기

내면을 이해하는 과정은 너무도 중요하지만 종종 경시되곤 한다. 아마도 그 과정이 편치 않기 때문이리라. 내면의 작업은 무엇이 당신을 자극하고 화나게 만드는지, 삶이 당신에게 보여주려는 것은 무엇인지, 그 경험에서 어떻게 성장할 것인지 파악하는 일이다. 이 과정을 거쳐 최고의 모습에 이른 사람은 자신에게 일어난 일을 흡수하고 처리해낸다. 학습의 기회, 자기 발전의 기회로 삼는 것이다. 이런 식의 정신적, 감정적 작업은 앞으로 나아가고 싶다면 꼭 필요하다.

최고의 모습에 가까워질수록 공격적인 성향을 띠는 것은 아니다. 공격성은 대개 자기방어 메커니즘이다. 최고의 모습에 이른 사람은 작은 방해 요소에 덜 동요하고 큰 사건을 맞닥뜨리면 적극적으로 대처한다.

물론 이런 작업은 기본적인 것이다. 다음에는 삶을 단순화하기, 야망에 대해 덜 말하고 이뤄낸 성취를 보이기로 넘어가야 한다. 서서히 건강도 개선해야 한다. 누구에게서든, 무엇에서든 배울 것이 있다는 점을 기억하라. 취약함을 편히 받아들여라. 취약함은 삶의 중요한 단계 이전에 늘 나타나는 것이며 일상의 규칙을 설계하는 도구다.

모든 것을 할 때 최고의 자신이 된 것처럼 생각하고 행동해야 한다. 최고의 자신이 보는 대로 세상과 삶을 바라보면 그 의도에 맞는 삶을 만들어갈 수 있다. 그 삶은 이미 존재한다. 다만 거기 들어서는 방법을 모를 뿐이다.

"그렇게 느끼는 건 아무 문제 없어"

*

치료받을 때나 정치적 문제를 해결할 때, 인간관계를 맺거나 아이들을 가르칠 때, 막다른 상황에서 마음의 평화를 유지할 때, 친구를 사귈 때, 스스로 발전하려고 할 때 가장 먼저 활용해야 하는 기법이 있다. 놀라운 비법이지만 노력은 아주 약간만 필요하다. 상대는 곧장 무장해제 되어 당신의 말을 경청할 것이다. 이 방법은 치유법이자 환각제이며 더 중요하게는 성장의 첫걸음이다. 바로 감정을 왜곡하지 않고 있는 그대로 받아들이는 '감정 인정'emotional validation이다.

감정 인정은 무조건 동의한다는 뜻이 아니다. 상대가 옳다고 확인해주는 것도 아니다. 그 감정이 가장 건강하다는 뜻도, 논리적이라는 뜻도 아니다. 감정을 인정한다고 그 감정이 진짜가 되지도 않는다. 다만 온갖 감정을 느낄 수밖에 없는 게 인간이라는 점을 상대에게 알려줄 뿐이다.

내 말을 듣는 상대가 사태를 분석하거나 전략 짜기를 집어치우고 그저 "진짜 엿 같았지?"라고 말해주었으면 하고 바라는 경우가 얼마나 많은가? '그래, 지금 정말 스트레스가 심해. 그래서 뭐, 어떻다고?'라고 생각하는 것만으로 마음의 짐이 확 덜어지지 않았는가? 스크린에서 펼쳐지는 누군가의 이야기를 나와 연결해 이해하면서 개운한 느낌을 받지 않았는가? 분개하고 짜증 내고 비이성적으로 날뛰는 행동만으로 기분이 훨씬 나아지지 않았는가? 자신에게 감정을 허락하면 놀라운 일이 벌어진다. 더 이상 남에게 감정을 쏟아낼 필요가 없다. 감정 인정을 남에게 의지하지 않기 때문이다.

아무에게도 상처 주지 않고 분개하고 짜증 내고 폭발하면서 자신의 감정을 직접 처리할 수 있다. 사람들이 울음을 터뜨리고 격한 행동을 보일 때는 도움을 요청하는 게 아니다. 그렇게 느껴도 괜찮다고 인정해달라는 요청이다.

이렇게 자신이 겪는 감정의 무게와 영향을 전달하고자 과장하는 이유는 무엇일까? 아마도 "그런 일을 겪다니 참 안 되었네요."라는 말을 끌어내기 위함일 것이다. 무능력하거나 둔감하기 때문이 아니다. 감정을 적절히 처리하는 법을 가르쳐주지 않는 세상에서 우리는 종종 그렇게 부적절한 대처 메커니즘에 의존할 수밖에 없다.

우리가 자신의 감정을 인정하지 못한다면 남들이 그렇게 해주기를 끝없이 요구하게 되는데 사실 그 방법으로는 성공할 수 없다. 결코 원하는 것을 얻지 못한다. 이는 마치 사람들의 관심과 지지, 격려를 원하는 것처럼 보인다. 극적이고 부정적이며 나쁜 측면에 대한 과도한 집중으로도 보인다. 당신 또는 그 누군가가 간단한 일에도 불평을 늘어놓는다면, 상황을 살펴볼 때 불평이 과도하다면 도움을 요청하는 것이 아니다. 어떻게든 자신의 감정을 인정하려는 행동이다.

이는 자기 파괴의 공통된 뿌리이기도 하다. 내면에 깊은 슬픔이 차 있을 때 우리는 마음 편히 삶과 인간관계를 즐기지 못한다. 놀지도 못한다. 배신행위처럼 느껴지기 때문이다. 굉장히 불쾌한 느낌도 든다. 그렇게 자신의 감정을 인정받고자 하지만 왜 그러는지조차 모른다.

삶을 긍정하는 감정 인정의 효과

감정이 몸속 관을 따라 흐르는 물이라고 생각해보자. 그 관이 깨끗한지 아닌지는 당신의 생각이 결정한다. 관의 청결도는 물의 품질을 좌우한다.

갑자기 쏟아지는 물처럼 예상하지 못했던 싫은 감정이 갑자기 느껴진다면 당장 수도꼭지를 잠가야겠다는 생각이 들 것이다. 하지만 물의 흐름을 막는다고 해서 물이 사라지지는 않는다. 그러기는커녕 압력이 급격히 높아지면서 더 이상 흐름을 받아들이려 하지 않는 신체 부위에 심각한 손상을 입힐 것이다. 결국 삶 전체에 영향을 미친다.

때로 물은 서서히 흩어져 사라지기도 한다. 하지만 때로는 폭발해서 감정적 상처를 남긴다. 물이 모두 흘러가야, 울고 슬퍼하고 산산이 부서지고 나서야 다시 시작하는 과정에 들어갈 수 있다. 긍정적인 붕괴다. 처참한 기분이지만 이제 끝났다는 생각에 후련함도 느낀다.

다른 선택의 여지가 없는 상황에서 자기감정을 인정하고 그 느낌을 허용해야 이 폭발이 일어난다. 심리 치료 때, 감정을 터뜨릴 때 일어나는 일이다. 카타르시스를 경험할 때도 이런 일이 일어난다. 슬픈 영화는 슬픔을 충분히 느껴서 세상의 다른 무엇보다도 큰 슬픔을 느끼도록 해준다.

그런데 이보다 더 건강하고 쉬운 방법이 있다. 실시간으로 감정을 처리하는 방법을 배우는 것이다. '자기감정 인정하기'라고 하니 뭔가 대단한 것처럼 들리지만 사실은 간단하다. 그냥 그 감정을 스스로 느끼도록 해주면 된다.

과거의 트라우마를 치유할 때 중요한 것은 감정을 온전히 표현하는 경험이다. 아마 많은 사람이 이런 경험을 해봤을 것이다. 가령 사랑하지만 큰 애착 관계는 아니었던 가족이나 친척이 세상을 떠났다고 해보자. 소식을 들었을 때 당신은 슬픔에 빠졌다. 하지만 장례식에 참석하지도, 한두 시간 동안 실컷 울지도, 아무 일 없다는 듯 일상에 복귀하는 절차도 거치지 않았다.

그런데 다음 날 혹은 한 주 뒤 걷잡을 수 없는 슬픔을 경험한다. 슬픔의 파도가 여러 강도로 왔다가 사라진다. 저항하지 않았다면 엉엉 울면서 슬픔을 느꼈을 것이다. 낮잠을 자거나 목욕을 하거나 하루 휴가를 냈을 수도 있다. 그러고 나면 특별히 노력을 기울이지 않아도 그 감정이 지나가고 기분이 나아졌을 것이다.

일단 감정을 인식하면 저절로 사라지는 경우가 많다. 그 감정 처리를 위해 정해놓은 행동이 없다면, 그리하여 그저 그 감정을 받아들이는 게 전부라면 그저 자신이 그 감정 속에 있도록 할 수밖에 없다. 더 자연스럽게 처리하지 못하는 이유는 감정을 느낄 때마다 책상에서 눈물을 터뜨릴 순 없기 때문이다. 집에 갈 때까지 수도꼭지를 잠갔다가 나중에 열면 된다. 언제 어디서 감정을 처리할지 관리하는 것은 좋은 일이다. 더 안전하고 편안한 장소를 택하는 편이 훨씬 나을 수 있다.

마치 매일 몇 분씩 일기장에 감정을 털어놓는 것과도 비슷하다. 판단하지도, 바꾸려 하지도 않고 느낌을 그대로 경험하는 것이다. 자기 전에 우는 행동처럼 간단할 수도 있다. 이런 행동은 나약함의 표시라 생각하기 쉽지만 자유롭게 울 수 있는 능력은 정신적, 감정적 힘을 보여준다. 삶에서 무언가 망가졌는데 울 수 없다면 그야말로 큰 문제다.

다른 사람의 감정을 인정하는 건 공감하는 법을 연습하는 좋은 방법이다. "그렇게 느끼는 건 아무 문제 없어."라는 말로 시작하면 좋다. 상대의 감정이 잘못되었다고 지적하면 상대는 수치심을 느끼고 마음을 닫아버리기 때문이다. 상대도 그런 느낌이 옳지 않다는 것을 이미 알고 있다. 그럼에도 자신의 감정을 인정받지 못하면 더욱 방어벽을 세우는 것이 인간이다.

반면 누구든 그런 상황이라면 똑같이 느낄 것이라는 점, 물론 감당하기 어려운 힘든 감정이긴 해도 그 때문에 삶이 파괴되지는 않는다는 점, 끔찍한 일이 일어났을 때는 끔찍한 느낌을 가져도 괜찮다는 점을 알려주면 상대의 짐이 가벼워진다. 슬픔에 저항하기를 포기하고 슬픔을 그대로 느끼면 결국 그 슬픔에서 벗어날 수 있다. 오히려 최악의 상황은 충격적 사건이 일어난 게 아니라 그 사실을 거부하면서 제대로 실컷 울지도 못해 더 큰 고통을 당하는 것이다.

다른 사람의 감정을 인정해주면 우리 자신의 감정도 인정할 수 있게 된다. 자신의 감정 인정 방법을 배우면 우리는 더 강해진다. 감정을 더 이상 위협이 아닌 정보원으로 보게 된다. 감정은 우리가 무엇을 염려하는지, 무엇을 지키고 보호하고 싶어 하는지 알려준다. 삶은 금방 흘러가고 해야 할 일투성이지만 그래도 멋지다는 걸 말해준다. 우리는 어둠을 기꺼이 받아들일 때 비로소 빛을 찾을 수 있다.

일상에 원칙을 세워라

*

길을 잃었다고 느낄 때, 다음 단계의 삶이 어디로 갈지 모를 때, 나아가 자신이 이룬 모든 것이 무너져 내린다고 느낄 때, 이럴 때는 영감이 필요하지 않다. 더 긍정적인 사고가 필요한 것도 아니다.

돈 문제가 있다면 돈 관련 원칙이 필요하다. 연애 문제가 있다면 연애 관련 원칙이 필요하다. 일에서 문제가 있다면 일 원칙이 필요하다. 생활 문제가 있다면 생활 관련 원칙이 필요하다.

돈이 더 있다고 해서 돈 문제가 해결되지는 않는다. 다른 인간관계가 당신의 인간관계 문제를 해결해주지 못한다. 새로운 일이 일 문제를 해결하지 않는다. 미래의 삶이 현재의 생활 문제를 해결하지 못한다. 돈이 있다고 돈을 더 잘 관리할 수 있는 것도, 연인이 생겼다고 자신을 더 사랑할 수 있는 것도 아니기 때문에 그렇다. 인간관계를 새로 맺어도 인간관계에 능숙해지지 않는다. 새로운 일은 당신의 업무 숙련도나 일과 생활의 균형을 개선하지 못한다.

당신이 변화하고 적응하지 않는 한 문제는 당신을 더 강하게 만들지 않는다. 변수는 당신이다. 세상에 대한 당신의 기본 시각과 그 안에서의 행동 방식을 바꾸는 것이 핵심이다.

분명히 해두자. 50만 달러를 버는 사람도 5만 달러를 버는 사람과 똑같이 빚에 허덕이며 고통받을 수 있다. 이런 일은 생각보다 훨씬 많다. 덜 버는 사람은 돈 관리를 어떻게 해야 하는지 배우려 하지만 더 버는 사람은 쓸 돈이 충분하니 굳이 관리가 필요 없다고 생각한다.

꿈에 그리던 이상형과의 관계가 시작되자마자 끝나버릴 수도 있다. 관계 맺는 방식은 당신의 문제지 상대에 따라 달라지는 게 아니기 때문이다. 당신을 자극하거나 당황하게 하지 않고 무조건 존중해주는 완벽한 상대를 만난다 해도 마찬가지다.

이상적인 업무, 적절한 근무 시간, 최고의 보수를 받는 직장을 다닌다고 해도 시간을 어떻게 활용할지, 동료들과 어떻게 지내야 할지, 자기 경력을 어떻게 발전시켜야 할지 모른다면 불행하다. 꿈을 실현한 사람 혹은 자신의 열정이 이끄는 대로 살아가는 사람도 그렇지 못한 사람만큼 불행할 수 있다. 원칙이 없다면 인생은 더 나아질 수 없다. 문제가 계속 발생하고 시간이 지날수록 문제도 커진다.

우리 삶에서 일어나는 좋은 일은 확대경과 같아서 우리가 계속해서 성장해야 한다는 걸 보여준다. 진정한 사랑은 자신을 바라보게 해준다. 돈은 자신을 돌이켜보게 해준다. 이상적인 직업은 우리 자신을 알게 해준다. 좋은 일, 나쁜 일, 지금 당장 바꿔야 하는 일 모두가 그렇다.

지금 원칙이 없다면 나중에도 없을 것이다. 가진 것 안에서 살아가는 돈 관리 원칙이 없다면 돈이 더 많아져도 마찬가지일 것이다. 남에게 의지하지 않고 자아를 찾는 인간관계 원칙이 없다면 이상형을 만났다고 해서 문제가 해결되지 않는다. 결국은 그 관계도 파국을 맞이할 것이다.

원칙이란 무엇인가

원칙은 삶의 토대를 쌓는 벽돌이다. 원칙은 의견이나 믿음이 아니라 원인과 결과의 문제다. 또한 원칙은 개인적 지침이 될 수 있다.

돈 관리 원칙으로는 다음과 같은 예를 들 수 있다. 고정 비용을 낮게 유지할 것, 부채는 절대 피할 것, 버는 돈 이하로 지출할 것, 만약을 대비해 저축할 것 등. 재무관리 전문가들은 재무관리의 시작점으로 부채 청산을 꼽는다. 하루치 이자는 별 영향을 미치지 않지만 20년 동안 쌓이는 이자 수만 달러는 얘기가 다르다. 마찬가지로 하루 동안의 투자 수익은 별게 아니지만 20년 동안 쌓인다면 엄청날 것이다.

원칙 설정의 핵심은 단기적 생존에서 장기적 번영으로 관점을 바꿔주는 것에 있다. 우리 삶의 대부분이 원칙에 좌우된다. 세계적인 코칭 전문가 스티븐 코비Stephen Covey는 원칙이란 중력과 같은 자연법칙이며, 가치는 주관적이지만 원칙은 객관적이라고 했다.[17] 또한 그는 "우리는 자기 행동을 통제한다. 하지만 그 행동에서 파생되는 결과는 원칙이 통제한다."라고 말했다.

매일 좋은 음식을 먹겠다는 원칙을 지키면 건강이 개선되는 긍정적 결과가 분명히 나타난다. 매일 한 문장씩 쓰기를 여러 해 동안 지속한다면 결국에는 엄청난 양을 쓰게 된다. 매달 빚을 조금씩 갚아나간다면 틀림없이 청산할 수 있다. 현명하게 꾸준히 투자한다면 분명 이익을 볼 것이다.

자기계발 컨설턴트 벤저민 하디Benjamin Hardy는 이렇게 말했다. "학생들은 시험을 앞두고 벼락치기 공부를 한다. 하지만 농부가 벼락치기를 할 수 있는가? 봄에 씨를 뿌리고 여름 내내 키워 가

삶이 어디로 갈지 모를 때
필요한 것은 영감이 아니라
일상의 원칙이다

을에 수확하는 일을 잊어버릴 수 있는가? 농사는 원칙에 따라 움직이는 자연적 시스템이다."[18]

우리의 삶은 원칙을 따른다. 당신 역시 그렇다.

"수확의 법칙은 불변이다. 뿌린 대로 거둔다. 오랫동안 꾸준히 심는다면 결과는 복리로 돌아온다. 행동의 결과를 당장은 알기 어려우므로 정말 그럴까 싶을지 모른다. 담배 한 대를 피웠다고 암에 걸리지는 않을 것이다. 하루 커피값으로 10달러를 썼다고 당장 파산하지도 않는다. 하지만 시간이 흐르면서 이런 습관은 어마어마한 결과를 낳는다. 매일 10달러가 복리 5퍼센트로 늘어나면 50년 후에는 81만 6,000달러가 된다."[19]

투자하면서 그날 당장 이익을 기대하지는 않을 것이다. 하지만 원칙을 지킴으로써 미래를 만들어간다는 뿌듯한 성취감과 함께 잠자리에 들 수 있다. 작은 일이 오랫동안 꾸준히 이어지면 커다란 일이 된다.

영감이 별 효과가 없는 이유

때때로 영감은 우리를 잘못 인도할 수 있다. 전략적 계획이 뒷받침되지 않는 큰 꿈은 허황한 기대에 불과하다. 영감이란 뭔가를 느끼고 구체화하는 것이다. 이리저리 고민하고 조각들을 맞취 삶이 어때야 한다고 느껴지는 이미지를 만든다. 반면에 원칙은 지루하다. 즉각 보상을 주지도 않으며 당장 기분 좋게 만들어주지도 않는다. 원칙은 영감과는 거리가 먼 자연법칙이다.

영감이 떠올랐지만 별 성과 없는 경우가 많은 이유도 여기 있다. 원한다고 생각하는 뭔가에 매달리지만 이를 얻기 위해 매일 어떤 작업과 노력을 기울여야 하는지 제대로 평가하지는 않는 것이다. 영감은 구체화와 실천 원칙이 뒷받침되지 않으면 쉽게 길을 잃고 실망하는 원인이 된다.

내 삶에 맞는 원칙을 세우는 법

멋진 원칙으로 무장한 채 태어나는 사람은 없다. 원칙은 우리가 학습해야 할 대상이다. 하지만 삶에는 너무도 다양한 원칙이 존재하고 일부 원칙들은 서로 충돌하기도 한다. 때문에 당신의 목적과 삶에 맞는 나름의 원칙을 세워야 한다. 이런 질문으로 시작해보자.

- 당신이 가치를 두는 것, 정말로 중요하게 생각하는 것은 무엇인가?
- 삶에서 어떤 느낌을 경험하고 싶은가?

• 당신을 불편하고 불안하게 만드는 것은 무엇인가?

다음과 같은 답이 나올 수 있다.

나는 연애 관계에 가치를 둔다. 그러므로 주어진 상황에서 연애에 우선순위를 부여하는 것이 원칙이다. 나아가 나는 솔직하고 긍정적인 연애에 가치를 두므로 의미 없는 데이트는 하지 않는다는 원칙을 세우려 한다. 어느 정도의 시간 동안 상대가 진심을 보여주지 않는다면 '노'$_{No}$라고 해석하겠다.

경제적 자유에 가치를 둔다면 현금이 남을 경우 빚을 갚거나 저축과 투자하는 데 쓴다는 원칙을 세울 수 있다. 여행과 자유에 가치를 둔다면 자신을 위해 일한다는 원칙을 세우고 원격 혹은 자율적인 일정으로 일하는데 우선순위를 부여할 수 있다.

원칙이 무엇인지 분명해졌다면 정말 필요한 부분에서부터 삶을 만들어나갈 수 있다. 하고 싶은 경험을 하도록 도와주는, 가장 편안하고 행복한 자신을 만드는 목표를 추구할 수 있다. 좋은 삶은 내면에서부터 만들어지고 자신의 우선순위에 바탕을 둔다. 이는 허황된 비전보다 훨씬 효과적이다.

내 존재가 인생의 목적이다

*

가슴이 시키는 대로 하라는 둥, 직장을 그만두고 좋아하는 일을 하라는 둥 떠들어대는 세상에 살면서 대체 어디서부터 시작해야 할지 모른다면 참으로 막막할 것이다. 삶에서 무엇을 해야할지, 당신 삶의 의미가 무엇인지 모른다면 당신이 누구인지 모른다는 뜻이다.

삶의 목적을 발견하는 것이 수도원에서 살 운명이라든가, 평생 한 가지 직업이나 목표에 매달릴 운명이라는 걸 깨닫는다는 의미는 아니다. 당신의 목적은 한 직업도, 한 연인도, 한 업무 분야도 아니다. 당신의 목적은 여기에 존재하는 것이다. 지금껏 알지 못했다 해도 당신이라는 존재는 세상을 바꿔왔다. 당신이 없었다면 지금과 똑같은 것은 하나도 없었을 것이다. 이 사실을 이해하는 게 무척 중요하다. 당신이 살아가는 모든 목적이 어떤 일이나 가정에서의 역할에 있다고 믿었다가는 퇴직 이후나 자녀가 성장한 이후, 즉 자신이 존재할 유일한 이유가 사라진 이후에는 걷잡을 수 없이 무너진다.

오늘 당신의 목적은 최악의 나락에 떨어진 누군가에게 미소를 지어주는 것일 수 있다. 이번 10년 동안 당신의 목적은 맡은 일을 해내는 것일 수 있다. 자신이 주변과 세상에 영향을 미친다는 사실을 깨닫는다면 살면서 가장 중요한 일은 자신을 만드는 것이라는 깨달음으로 나아갈 수 있다. 의식적으로 가장 행복하고 친절하고 너그러운 모습이 되어가는 것이다.

자신의 목적을 안다고 해서 삶이 더 쉬워진다거나 뭘 해야 할지 알게 되는 것은 아니다. 정말로 자기만의 길을 가게 될 때는 미래가 불확실하다. 남의 청사진을 따라갈 때나 미래가 확실한 법이다. 또는 삶의 목적이라고 할 때 평생직장이나 일을 떠올리는 사람이 많다. 물론 경력은 중요하다. 하루의 대부분 시간을 쏠 일이자 장소이기 때문이다. 긴 시간을 보내고 힘겨운 순간을 버텨야 하므로 어떤 일로 세상에 기여해야 할지 신중히 선택해야 한다.

당신의 인생 목표는 당신의 재능, 관심 그리고 시장이 교집합을 이루는 곳에 있다. 당신은 당신 미래의 청사진이다. 지금의 모든 모습, 경험해온 모든 것, 잘하는 모든 일, 당신이 처한 모든 상황, 당신이 열정을 보이는 모든 것이 우연이 아니다. 당신의 정체성이 반영된 결과이자 여기서 당신이 하도록 되어 있는 일을 알려주는 신호다.

자기를 인식한다는 것이 생각만큼 쉽지는 않다. 자신이 잘하는 것, 더 열정을 느끼는 것이 무엇인지 아직 확실히 모를 수도 있다. 그래도 괜찮다. 당신의 목적이 최고가 되라는 것은 아니기 때문이다. 당신만이 성공할 수 있는 무언가를 찾아야 하는 것이 아니다. 자연스럽게 마음이 끌리는 것, 당신에게서 술술 흘러나오는 것, 특별한 감정을 불러일으키는 것인지가 중요하다. 바로 그런 것을 하기 위해 당신이 여기 있는 것이다. 당신의 궁극적 목표는 이상적인 모습의 자신이 되는 것이다. 다른 모든 것은 거기서부터 나온다.

인생의 목적을 찾는 6가지 질문

＊

다음은 삶의 목적을 알고 싶을 때 해야 할 6가지 질문이다.

1. 고통을 감내할 만큼 가치 있는 대상 또는 사람이 있는가?

즐겁게 하는 일이 있다고 해도 매일이 수월하지는 않다. 무엇이든 나름의 도전이 따라온다. 그러니 기꺼이 할 수 있는 일이 무엇인지, 기꺼이 불편을 감수할 수 있는 일은 무엇인지가 현실적인 질문이다.

2. 눈을 감고 최고의 자신을 상상했을 때 어떤 모습이 떠오르는가?

최고의 자기 모습, 더 많이 사랑하고 친절하고 생산적이고 자신을 인식하는 그 모습이 당신의 진짜 모습이다. 다른 모든 것은 지금껏 남들을 흉내 내며 발전시켜온 대처 메커니즘의 부산물이다.

3. 소셜 미디어가 없다면 어떻게 살겠는가?

자신을 과시할 수도, 사람들에게 감동을 안길 수도, 당신의 삶에 대해 알릴 수도 없다면 당신의 야망은 어떻게 바뀔 것 같은가? 하고 싶어서 하는 일과 남들에게 보이기 위해 하는 일이 구분될 것이다.

4. 무엇이 가장 자연스러운가?

가장 자연스럽게 좋은 것이 제일 먼저 가야 할 길이다. 그 길이 가장 덜 힘들고 잘 되는 길이다.

5. 가장 이상적인 일상 루틴은 무엇인가?

멋진 표현은 필요 없다. 매력적인 제목으로 사람들을 끌어들일 필요도 없다. 하루가 시작되고 끝날 때까지 당신이 하고 싶은 것을 생각하라. 행복을 가져다주리라 기대하고 시작한 일이 머릿속 이상이었을 뿐 매일 마주하는 일상은 생각과 전혀 달랐다고 토로하는 이들이 많다.

6. 무엇을 당신의 유산으로 삼고 싶은가?

이력서에 쓸 장점을 걱정하지 말고 당신의 장례식 추도사에 나올 장점에 집중하라. 당신은 어떻게 기억되고 싶은가? 어떤 사람으로 알려지고 싶은가?

장점과 재능을 떠올리는 건 즐거운 일이지만 목적을 발견하는 것은 그보다 훨씬 중요한 일이다. 목적은 종종 고통 속에서 발견된다. 자신의 재능을 쉽게 파악해 가장 잘 활용했기 때문이 아니라 어느 시점엔가 길을 잃고 지쳐 벽에 등을 기댔기 때문에 목표를 알게 되었다는 사람이 많다. 고난과 도전을 경험하면서 우리는 정말로 중요한 것이 무엇인지 깨닫기 시작한다. 그렇게 일어난 불꽃이 행동과 헌신을 통해 변화의 불꽃으로 타오른다.

성공한 사람들의 이야기를 들어보면 상상하기 어려운 고난으로 시작되는 경우가 많다. 도무지 믿기 어려운 상황에서 그들은 행동해야만 했다. 편안함과 안주는 선택지가 아니었다. 그들은 바로 자신이 그들 삶의 영웅이자 미래의 창조자가 되어야 한다는 사실을 알고 있었다.

인생의 막바지에 당신의 목표가 결정될 것이다. 어떤 상황에서 무슨 고생을 했는지, 어떤 운명을 타고났는지가 아니라 고난에 어떻게 대처했는지, 사람들에게 어떤 사람이 되어주었는지, 매일 조금씩 인류의 역사를 어떻게 바꿔놓았는지에 따라서 말이다.

the mountain is you

제7장

삶의 주도권을
되찾는 연습

자기 파괴를 멈추고 자신의 주인이 된다니 엄청난 변화로 보일지 모른다. 하지만 사실은 당신이 당신의 발목을 잡고 있었다는 것을 이해하고 앞으로 나아가는 자연스러운 과정이다.

감정 통제 vs 감정 억압

불교에서는 마음을 통제하는 것이 깨달음, 즉 자연스럽고 진정한 행복으로 가는 길이라고 말한다.[20] 이론은 단순하지만 실천은 그리 단순하지 않다. 마음을 이해하고 마음의 움직임을 훈련하는 두 가지 방법을 통해 우리는 자신을 정화하고 우리의 본성인 즐거움을 경험할 수 있다. 명상 수업을 받아봤다면 마음 통제의 기본 원칙을 알 것이다. 바로 놓아 보내기다.

진정한 마음의 주인이 되기 위해 불교에서는 집착 버리기를 훈련한다. 조용히 앉아 천천히 호흡하면서 생각이 떠오르고 머물렀다가 이어 떠나가도록 한다. 이런 접근은 마음을 통제하는 것이 사실은 마음에 순응하는 것, 마음이 멋대로 행동하게 놓아두고 그에 대한 나의 반응을 조정하는 것임을 알려준다.

감정 억압과 감정 통제를 구분하는 법

감정 억압은 감정에 적절히 대처할 메커니즘이 없을 때 사람들이 사용하는 전략이다. 그 구체적인 모습은 이렇다. 일단 상황이나 경험에 대한 진실한 반응을 부정하거나 무시한다. 계속 모른 척하면 그 반응이 사라질 것이라고 믿기 때문이다. 하지만 편치 않은 느낌이 들어 일상이 방해를 받기 시작하고 결국은 통제 불가능한 감정 폭발의 순간이 찾아온다.

이런 상황에서 치료 방법은 더 이상 느낌을 억압하지 않도록 하는 것이다. 감정을 인식하고 대응 방식을 선택하도록 한다. 때로 억압과 통제는 종이 한 장 차이에 불과한 듯 보인다. 예를 들어 도로에서 다른 차가 무리하게 끼어들었을 때 차창 밖으로 고함을 지르지 않기로 한 결정은 감정 억압인가, 통제인가? 연인이 또 바보 같은 소리를 했지만 반응하지 않는다면 감정 억압인가, 통제인가? 동료가 프로젝트와 관련해 일을 망치고 있어도 아무 소리 않는다면 감정 억압인가, 통제인가?

억압은 무의식이며 통제는 의식이다

억압된 감정은 무의식적 편향unconscious bias처럼 작동한다. 그런 편향 중 하나가 확증 편향confirmation bias, 즉 기존의 믿음을 강화하는 사실이나 경험에 주목하는 것이다. 미처 인식하지 못한다고 해도 이 편향은 계속 영향을 미친다. 반면 통제된 감정은 자기 느낌에 대한 인식을 포함한다. 자신이 화났는지, 슬픈지, 억울한지 알고 있으면서 어떻게 반응할지 선택한다. 따라서 실제로는 감정 통제가 아닌 행동 통제인 셈이다.

감정을 억압할 때는 자기감정을 모르기 때문에 행동도 통제를 벗어난다. 감정을 통제할 때는 자기감정을 알기에 행동은 통제 범위 내에 들어온다. 그러니 교통체증, 논쟁, 어려운 동료 관계에서 우리는 자신이 어떤 느낌을 받는지 알아야 하고 그에 대한 반응을 통제해야 한다. 감정은 일시적이지만 행동은 영원하다. 행동 선택은 우리가 늘 책임져야 하는 문제다.

　신체적인 힘의 기준이라고 하면 흔히 자신이 들 수 있는 무게, 달릴 수 있는 시간, 버틸 수 있는 근육을 떠올린다. 반면 현실에서 신체적인 힘은 몸이 얼마나 효과적으로 움직이는지, 매일의 과업과 불시의 도전을 얼마나 잘 처리하는지로 측정된다. 정신적 건강도 똑같다. 우리가 얼마나 행복해 보이는지, 상황이 얼마나 완벽한지, 언제나 '긍정적'일 수 있는지로 측정되지 않는다. 매일의 삶과 불시의 도전을 이성적으로 유연하게, 경직되거나 발목 잡히지 않고 헤쳐나갈 수 있는지가 중요하다.

　심리학 교수이자 심리치료사인 에이미 모린Amy Morin은 정신적으로 강인한 이들이 하지 않는 행동을 정리했다. 그들의 습관과 행동을 아는 것은 물론 중요하다. 하지만 당신이 아직 그만큼 성장하지 않았다면 어떻게 해야 할까? 정신적으로 강한 사람이 되고 싶다면 바로 그런 사람들의 마음가짐부터 살펴봐야 한다.

다시 자신을 신뢰하기

*

　내면의 평화는 모든 것이 괜찮고 앞으로도 좋을 것이라는 사실을 마음 깊숙이 아는 상태다. 내면의 평화를 찾는 일은 수 세기 동안 영적 훈련의 일부였고 대중심리학이 발전된 최근에야 주된 흐름이 되었다.

알베르 카뮈Albert Camus는 "한겨울에도 꺾이지 않는 여름이 내 안에 있다는 것을 발견했다."라고 했다. 내면의 평화가 무엇인지를 압축적으로 보여주는 말이다. 주변에서 어떤 일이 벌어지든 내면에는 앎과 고요함의 장소가 존재한다. 원할 때 그곳으로 돌아가는 것이 가능할뿐더러 평생을 그 안에서 사는 것도 가능하다. 처음에 어떻게 그곳과 연결될지, 최악의 시나리오를 써대는 마음에 어떻게 대처할지 배우는 것이 숙제다.

사람들이 말할 때 자주 사용하는 표현 중에 '내심으로는'이라는 표현이 있다. "걱정되었지만 내심으로는 다 괜찮을 거라는 걸 알고 있었어." 또는 "물론 화가 나지만 내심으로는 그가 날 사랑하는 걸 알아."와 같이 사용한다. 이건 무슨 뜻일까? 내심이란 어디일까? 바로 자기 안의 장소, 무한한 지혜와 더 큰 이해와 통찰이 나오는 곳이다. 스트레스 요인이나 마음속 두려움에 흔들리지 않는 곳이다.

내면의 평화를 찾는 과정은 그 '내심'에 들어가는 길이다. 결국은 모든 것이 괜찮으리라는 걸 알고 느끼는 그곳 말이다. 명상에서는 평온함을 잔잔한 호수나 바다에 비유하기도 한다. 우리의 생각과 행동은 그 물에 던지는 돌과 같다. 돌은 파문을 일으킨다. 명상의 핵심은 자신을 진정시켜 다시 수면이 고요해지도록 만드는 데 있다. 억지로 수면을 고요하게 만들 수는 없다. 방해하기를 멈추면 알아서 고요해진다. 내면의 평화를 찾는 것도 마찬가지다. 무언가를 애써 만들기보다는 본래의 곳으로 되돌아가는 것이다.

목표를 조정하기

*

내면의 평화를 찾기 어려운 이유 중 하나는 우리가 '행복'이라는 욕망에 매달리기 때문이다. 애석하게도 행복은 변덕스럽다. 성취에, 소속에, 특정 상황에 집착하게 만든다. 남들의 기대에, 특정 방향으로 풀려가는 삶에 의존하게 만든다. 행복을 목표로 삼는다면 최종 목표에 도달하기 직전까지 불행을 느낄 수밖에 없다. 이분법이 불러오는 문제다. 하지만 내면의 평화는 다르다. 둘의 중간에 있는 상태이기 때문이다. 내면의 평화가 목표라면 잃어버릴 일이 없다.

대부분 사람은 이를 이해하지 못한다. 그래서 계속 스트레스와 문제와 극적 상황을 만들어낸다. 좋은 기분을 느끼려면 외부의 무언가가 필요하다고 생각하기 때문이다. 자신의 바깥에서 만족감, 소속감, 가치를 찾으려 매달리는 것, 이는 내면의 평화를 아직 찾지 못한 사람의 전형적인 특징이다.

행복은 추구하지 말아야 할 대상이라고, 행복은 절대 느낄 수 없는 것이라고 말하려는 게 아니다. 내면의 평화가 진정한 행복이라는 점이 핵심이다. 그 외 모든 것은 자신이 괜찮다고 확신하기 위한 거짓 수단일 뿐이다.

생각해보자. 무엇이 행복을 가져다줄 것 같은가? 돈? 연인? 승진? 이런 것을 다 이루고 나면 어떻게 되는가? 역사가 시작된 이래로 답은 언제나 같았다. 다시 '처음의 상태'로 되돌아간다. 이런 행복은 진짜가 아니기 때문에 그렇다. 진정한 행복은 어느 날에든 경이로움, 존재감, 기쁨을 발견하는 삶이다.

평화로 나아가는 길을 잃은 사람들

내면의 평화로 돌아가야 한다고 이야기하다 보면 애당초 거기서 왜 단절되었는지 의문이 생긴다. 이렇게 내면의 평화를 왜 잃었는지 질문하는 것은 다시 평화를 찾기 위한 아주 중요한 질문이다. 성장하면서 우리는 환경에 적응한다. 주변의 믿음과 생각을 받아들이고 자신의 개성을 고쳐 안전을 얻는다. 그러면 세상이 우리를 해치지 못한다고 믿는다. 어린아이일 때 우리는 몹시 취약한 존재로, 이때 평생 사용할 대처 메커니즘을 확립한다.

어렸을 때 내면의 평화로움과 연결되는 법을 배우지 못하면 본능적으로 머릿속 목소리를 믿기 시작한다. 그리고 바로 여기서 길을 잃는다. 머릿속 생각은 불교에서 말하는 '원숭이 마음'의 산물이기 때문이다(인간의 마음이 이랬다저랬다 쉴 새 없이 요리조리 돌아다니는 모습이 원숭이와 같다고 비유한 것으로 당나라 승려 석두대사가 '심원'心猿이라고 쓴 데서 기원한다.— 옮긴이). 신경학에서는 서로 다른 수용체가 켜지면서 현실과 관련될 수도, 아닐 수도 있는 연결을 만들어내는 과정이라고 설명한다.

생각을 믿기 시작하면 생각이 느낌을 좌우한다. 무슨 일이 일어나는지도 모른 채 덫에 빠져버리는 것이다. 괴상하거나 무서운 생각을 하면 강렬한 느낌을 받고 이 생각과 느낌 두 가지가 합쳐지면 진짜라고 여기게 된다. 실은 신경 연결 과정에서 생긴 오해에 불과한 데 말이다. 물론 그렇다고 해서 우리의 생각이 쓸모없다는 뜻은 아니다. 다만 생각이 늘 현실을 반영하지는 않으며 우리에게 뭔가를 제시한다는 정도로만 여기라는 것이다.

내면 아이의 트라우마

누구나 내면의 평화를 발견할 수 있다. 다만 어떻게 해야 할지 모를 뿐이다. 게다가 많은 사람이 자기감정을 인식하기를 두려워한다. '내면 아이'가 너무 많은 트라우마를 가지고 있기 때문이다.

모두에게 내면 아이가 존재한다. 자기 안의 가장 순진하고 순수한 부분, 절대 사라지지 않는 부분이다.[21] 시간이 흐르며 이 내면 아이를 어떻게 돌봐야 할지 배우는 것은 당신의 책임이다. 내면 아이는 내면의 평화에서 당신을 멀리 밀어내는 존재다. 이 아이는 툭하면 성질을 부리며 모든 것이 망가질 것이라느니, 당신이 죽을 수도 있다느니 떠들어대곤 한다.

내면 아이가 당신의 현재 삶을 좌지우지하도록 해서는 안 된다. 내면 아이가 두려워하는 것을 언제나 믿을 필요도 없다. 하지만 내면 아이와 협력하는 법, 치유하는 법, 안전하다고 느끼는 법을 배워야 한다. 좋은 부모가 하듯이 말이다.

심리학자 스티븐 다이아몬드 Stephen Diamond 는 이렇게 설명한다. "내면 아이는 진짜다. 물리적인 진짜가 아니라 은유적 진짜다. 콤플렉스가 그렇듯 내면 아이는 심리적 혹은 현상적 진짜이며 믿기 어려울 정도로 강력하다." 그는 정신적 문제와 파괴적 행동이 어린 시절에 만들어진 무의식적 자아와 크게 관련되어 있다고 주장한다.

진정한 행복을 알아보는 3가지 목록

*

내면의 평화는 가부좌하고 깨달을 때까지 기다린다고 해서 오는 것이 아니다. 불편함과 공존하며 이전과는 다른 선택을 내리겠다는 어려운 결정이 필요하다.

정신분석학자 게일 브레너Gail Brenner의 설명을 보자. "내면의 전쟁을 영속시키는 것은 저항이다. 느껴지는 대로 느끼지 않으려는, 사람들이 하는 대로 행동하게 두지 않으려는, 벌어지는 상황을 막으려는 저항이다. 저항은 우리 개인의 역사를 다시 쓰고 계획을 실현하고자 한다." 브레너는 내면의 평화야말로 유일하게 존재하는 것이며 그 외에는 무엇도 우리의 통제하에 있지 않다고 한다.[22]

내면의 평화를 찾는 또 다른 방법은 모든 걱정이 생존을 위협할 수 있는 대상을 찾으려는 당신의 마음이 만들어낸 결과물이라는 점, 진정한 행복은 지금 이 순간에 머무르는 것이라는 점을 늘 기억하는 것이다. 믿기 어렵다면 다음과 같은 목록을 만들어 보자.

- 첫 번째. 삶에서 크게 걱정했던 모든 것을 적는다. 가장 오래 전으로 돌아가 최대한 상세하게 써보자.
- 두 번째. 절대 극복하지 못할 것이라고 단언했던 모든 힘든 상황을 적는다.
- 세 번째. 살면서 진정으로 행복하고 평화로웠던 모든 순간을 적는다.

첫 번째 목록을 만들면서 분명 당신은 미소 지을 것이다. 이제까지 늘 걱정이 많았지만 대부분이 근거가 없었음을 알았기 때문이다.

두 번째 목록을 보면서는 안심할 것이다. 극복 불가능하다고 여겼던 고통이 얼마나 많았는지 보면서 이제 더는 그런 생각을 하지 않는다는 걸 알기 때문이다.

마지막 목록은 당신의 행복이 겉으로 보기에 완벽할 때가 아니라 현재에 머무르며 그 순간의 자신과 연결될 때 온다는 사실을 다시금 알려줄 것이다.

현재를 놓치지 않는 힘이 필요하다

*

물질이나 행동에 집착해서 현재 이 순간을 놓치기는 참으로 쉽다. 걱정은 정말로 중요한 것에 집중하지 못하게 만드는 대표적인 대처 메커니즘이다. 시간이 흐르면서 당신은 걱정과 안심이 똑같다고 확신한다. 최악의 경우를 머릿속에서 계속 반복해 돌려보면 더 잘 준비할 수 있다고 생각한다. 하지만 완전히 틀린 생각이다. 최악의 상황을 상상하느라 에너지를 소진할 뿐 아니라 두려움에 과도하게 예민한 상태가 되면서 실제로 그런 상황을 만들어내기도 한다.

'원숭이 마음'과 관련해 우리 뇌가 가정을 믿음으로 굳힐 만한 상황과 경험을 계속 찾고자 한다는 사실을 기억해보라. 최악의 경우를 예상하는 것과 똑같이 무언가가 잘될 것이라 믿으면 실제로 잘된다. 상상했던 최고의 모습은 아닐지라도 믿었던 만큼의 결과가 된다.

내면의 평화를 발견하는 것은 가장 깊숙한 지혜와 연결되는 것이다. 그 지혜는 창조하고 증명하고 상상하고 도달해야만 하는 것이 아니다. 늘 당신 안에 존재하면서 선택지로 주어지는 것이다. 그저 선택만 하면 된다.

꿈속의 괴물은 진짜가 아니다

*

내면의 평화에 도달하는 과정에서 가장 큰 과제는 무엇이 유익한 직감이고 무엇이 공포의 산물인지 구분하는 것이다. 내면을 따르면 된다느니, 느껴지는 게 진짜라느니, 깊숙이 들어가 보면 앞을 인도해줄 지혜의 우물이 나타난다느니 계속 떠들어대는 세상에 살다 보면 모든 느낌과 생각이 미래의 일을 예언한다고 믿게 된다.

하지만 감정은 예언이 아니다. 미래를 내다보는 메커니즘이 아니다. 그저 현재의 마음 상태를 반영할 뿐이다. 마치 악몽처럼 말이다. 꿈속 괴물은 진짜가 아니지만 깨어 있을 때 두려워하던 무언가의 은유일 수 있다.

많은 사람이 내면의 평화를 찾아 나서지 못하는 이유도 두려움과 내면의 평화를 구분하지 못하기 때문이다. 잘 기억하라. 평화의 느낌은 앞으로 어떤 일이 벌어질지 말해주지 않는다. 당신의 에너지와 정신이 어디에 있는지, 주변에서 일어나는 일에 어떻게 대응해야 하는지 말해준다. 두려움은 당신을 겁먹게 해서 몸을 움츠리게 하지만 평화의 느낌은 모든 것이 괜찮을 거라고, 앞으로도 그럴 것이라고 알려준다.

정신적 강인함을 키우는 12가지 방법

*

당신이 누구든, 삶의 목적이 무엇이든 정신적 힘은 당신 안의 잠재력을 실현하기 위한 핵심 요소다. 정신적인 힘은 고정된 특징이 아니다. 선천적으로 타고나거나 결핍되는 것도 아니다. 역설적이지만 삶에서 고난을 많이 겪지 않으면 정신적으로 강인해지기 어렵다. 가장 힘겨운 상황에서 최고로 강인한 정신이 개발된다.

강인한 정신은 과정과 훈련을 통해 만들 수 있는데 다음과 같은 행동으로 그 과정을 시작할 수 있다.

1. 계획을 세워라

정신적으로 강한 사람은 미래를 예언하는 게 아니라 계획을 세운다. 이런 사람은 미리 생각하고 준비한다. 장기적 결과를 위해 최선의 것을 행한다. 이렇게 하면 현재에서 분리되는 것 아니냐고 생각할지 모르지만 실은 정반대다. 당신을 현재에서 분리하는 것은 걱정이다. 과도한 생각도 마찬가지다. 불안감 때문에 늘 옆으로 물러나곤 한다면 그 이유는 두려운 대상에 대해 계획을 세우지 않았기 때문이다.

두렵지 않은 대상에 대해 생각해보라. 어째서 두렵지 않을까? 상황이 발생했을 때 어떻게 할지 계획이 있기 때문이다. 그래서 걱정을 덜고 현재에 머물 수 있는 것이다. 경제력 회복이든, 연인 관계 개선이든, 병원 치료든, 새로운 직장이든, 꿈꾸던 새로운 과업 추구든 마찬가지다. 계획이 없다면 계속 문제를 안고 갈 수밖에 없다.

2. 겸손하라

모두가 당신에 대해 생각하고 판단하고 평가하고 결정을 내리는 것 같은가? 하지만 그렇지 않다. 소셜 미디어는 우리 모두를 연예인처럼 만든다. 그래서 주변 사람 모두가 내 삶의 세세한 부분까지 신경 쓴다고 생각하게 된다. 그러나 몇십 년만 지나고 나면 당신은 떠날 것이다. 당신이 살던 집에는 새로운 가족이 이사 올 것이고 직장의 당신 자리는 새로운 사람이 대체할 것이다. 자녀들은 성인으로 성장했을 것이다. 여기에 실망할 이유는 없다. 오히려 해방되는 시점이다.

당신이 원하고 바라는 대로 당신에 대해 생각하는 사람은 아무도 없다. 다들 자기 생각에 바쁘다. 트레이닝복 차림으로 식료품을 사러 가는 게 신경 쓰이는가? 아무도 관심을 보이거나 쳐다보지 않을 것이다. 이제까지 성취한 것이나 성취하지 못한 것 때문에 신경이 쓰인다면 아무도 관심이 없다는 점을 기억하라. 당신의 인생 어떤 면이든 마찬가지다.

당신이 자신을 평가하는 것처럼 당신을 평가하는 사람은 아무도 없다. 그저 건성으로 볼 뿐이다. 자신이 태양이고 모두가 그 주위를 돈다는 생각은 그만두어라. 세상은 당신을 위한 것이 아니다. 당신의 삶조차도 당신만을 위한 것이 아니다. 조명 효과의 착각을 내려놓을수록 더 편안해질 것이다.

3. 도움을 청하라

우리는 전문화된 사회에 살고 있다. 사람들은 학교에 가서 훈련 과정을 거치고 한 가지 과업을 익힌다. 그리고 시장에서 자기 능력을 팔고 사람들의 전문 능력을 소비한다. 당신은 모든 것을 알아야 하는 존재가 아니다. 당신은 재무 전문가가 아니므로 세금 신고나 투자 전문가를 고용한다. 당신은 요리사가 아니므로 요리책을 사고 어머니에게 요리법을 묻는다. 당신은 체력 단련 전문가가 아니므로 전문가의 지도를 받는다. 당신은 정신 건강이나 신경심리학을 다 이해할 수 없으므로 상담과 조언을 받는다.

당신은 모든 것을 알아야 하는 존재가 아니다. 모든 것을 다 잘해야 하는 존재도 아니다. 그래서 사람들에게 돈을 주고 서비스를 받는다. 잘하는 부분에만 집중하라. 나머지는 전문가들에게 맡기면 된다.

4. 흑백 사고를 멈춰라

사람들이 불안감을 계속 느끼는 주된 이유는 잘못된 이분법에서 좀체 벗어나지 못하기 때문이다. 수많은 가능성을 극단적 상황 한두 개로 압축하는 인지적 왜곡이 일어난다. 그런 극단적 상황은 비이성적인 데다가 발생 가능성도 적다.

'실직하면 실패자가 되는 거야.' 틀렸다.

'이번 연애가 깨지면 두 번 다시 사랑을 못 할 거야.' 틀렸다.

'이런 끔찍한 일이 일어난다면 도저히 계속할 수 없어.' 틀렸다.

논리적 비약은 불안을 일으킨다. 추론 능력에 구멍이 뚫리는 것이다. 한 사건에서 개연성 없는 결론으로 튀어버리고는 그렇게 실현되리라 믿는다. 결국 이분법적 사고를 하게 된다. 이분법적 사고는 비효율적일 뿐 아니라 당신에게 겁을 주어 책임 있는 삶을 살지 못하게 한다.

5. 미신적 사고를 멈춰라

인간으로서 우리의 가장 근본적인 두려움은 미지의 것에 대한 두려움이다. 때문에 우리는 결과를 예측하려 노력하면서 정신적인 준비운동을 하려고 한다. 하지만 느낌을 예언처럼 여기는 미신적 사고, 즉 미래가 어떨지 느낄 수 있고 운명이 어딘가에 새겨져 있다는 생각은 우리 정신을 약하게 만든다. 인생의 운전석에 앉지 못하고 조수석에 앉는 것이다.

미신적 사고에 매달리면 멋대로 추정하게 된다. 한 가지 느낌이나 경험을 가지고 장기적인 인생 예측을 해버리는 것이다. 이는 그릇된 행동이며 자칫 자기충족적인 예언이 되기도 한다. 알지 못하는 것을 예측하려는 시도를 중단하고 아는 것을 만들어나가는 데 에너지를 써라. 그러면 당신과 당신의 삶이 더 좋아질 것이다.

6. 모든 결과에 책임을 져라

인생이라는 거대한 흐름에서 진정으로 중요한 일은 온전히 당신의 통제하에 있는 결과들이다. 당신이 그저 거대한 장치의 톱니바퀴 하나라 생각하면 마음 편하고 덜 두렵겠지만 당신은 그런 존재가 아니다. 생산적으로 사는 법을 배우기 위해, 당신의 건강과 복지를 향상시키기 위해, 인간관계와 자기 인식을 개선하기 위해 에너지를 쓴다면 완전히 다른 인생 경험을 할 것이다. 당신은 이 모두를 변화시킬 능력, 최소한 큰 영향을 미칠 수 있는 능력을 지녔다.

물론 인생에는 당신의 통제 범위 바깥에 놓인 일도 있다. 그러나 그런 일에 집중하면 진짜로 중요한 것을 놓치고 만다. 당신 삶의 대부분은 당신의 행동과 선택이 직접적으로 만들어낸 결과임을 기억하라.

7. 복잡한 감정을 처리해 더 좋게 느끼는 법을 배워라

당신은 늘 행복을 느껴야 하는 존재가 아니다. 늘 행복하려는 노력은 해결책이 될 수 없으며 오히려 문제를 일으킨다. 정신적인 힘은 늘 긍정적으로 생각하는 능력이 아니라 슬픔, 격분, 낙담, 불안, 두려움 같은 복잡한 감정을 처리하는 능력이다. 이들 감정을 어떻게 해결해야 할지, 어떻게 의미를 찾고 무엇을 배워야 할지 몰라 그저 감정에 휘둘린다면 발목이 붙잡히고 만다. 땅에 파묻어둔 감정은 트리거가 나타났을 때 쏟아져 나와 당신을 삼킨다.

입술을 꽉 깨물고 버티면 된다고 생각하는가? 그렇지 않다. 슬플 때는 엉엉 울고 불의와 맞설 때는 화내고 문제가 발생하면 해결할 결심을 해야 한다. 이런 대응이 강인한 정신을 만든다.

8. 일어난 일은 잊고 어떻게 바로잡을지에 집중하라

무엇이 잘못되었는지 성찰하고 잘못된 것에서 배우며 당장 복구에 나설지, 장기적으로 결과를 바꿀지 결정하라. 그리고 지나간 일은 떠나보내라. 과거에 매달려야 하는 경우는 과거에서 온전히 배우지 못한 경우뿐이다. 다 배웠다면 그 교훈을 현재에 적용하고 원하는 경험을 만들 수 있다.

지금 일어나는 일보다 과거에 일어났던 일 혹은 미래에 일어났으면 하는 일에 과도하게 집중하다 보면 그곳에 갇히게 된다. 정말로 심각한 실패를 했다고 느낀다면 이제라도 원하는 경험을 하는 게 중요하지 않을까? 당신의 삶은 끝나지 않았다. 최종적으로 실패한 것이 아니다. 하지만 떠나보내고 다시 시도하지 않는다면 결국 실패하고 만다.

9. 소리 내어 말하라

생각, 감정, 두려움이 온통 뒤엉켜 있다고 느낀다면 누군가에게 말해보라. 정신 건강 전문가도 좋고, 믿을 만한 친구도 좋다.

아무도 없다면 자기 자신에게 말하라. 마주 앉은 누군가에게 말하듯 털어놓는 것이다.

때로는 객관적인 제3자가 삶의 복잡한 면면을 정리하도록 도와주기도 한다. 모든 것을 자신의 머리와 마음속에 욱여넣으면 상황이 더 나빠지지만 아예 공개해버리면 문제가 단순해진다. 감정이 정리되고 앞으로 나아갈 수 있다.

10. 시간을 두고 해결하라

성장은 단숨에 이뤄지지 않는다. 조금씩 쌓이면서 중간에 미세한 폭발들과 작은 계단들이 이어진다. 성장 과정에서 우리의 안전지대가 다시 만들어지고 확장되기 때문이다. 새로운 삶의 방식에 적응할 때 너무 빨리, 너무 많은 변화가 일어나면 기존의 상태로 되돌아간다. 따라서 삶을 변화시키는 가장 효과적이고 건강한 방법은 천천히 하는 것이다. 목표를 잘게 나누어 매일 조금씩 하라. 시간이 가면서 변화의 동력이 만들어진다. 어느 날 문득 돌아보면 출발선에서 꽤 멀리 왔다는 사실을 깨달을 것이다.

11. 트리거를 신호로 여겨라

트리거는 무작위로 결정되지 않는다. 따라서 당신의 가장 큰

삶을 변화시키는 가장 좋은 방법은
천천히 하는 것이다

상처가 무엇인지, 어디서 성장해야 하는지 보여준다. 트리거를 주의 집중 신호로 보고 치유, 건강, 발전이 필요한 부분을 파악하면 또다시 상처받는 대신 도움을 얻을 수 있다.

당신은 당신의 문제를 무시할 수 없다. 당신의 상처를 모른 척할 수 없다. 제대로 분석하고 처리하고 학습한 후 행동을 수정해야 한다. 그래야만 정신적으로 강인해지고 전체적인 삶의 질도 향상될 것이다.

12. 불편한 느낌에 귀 기울여라

한 가지 진실을 알려주자면, 삶이 안겨주는 가장 큰 선물은 불편한 느낌이다. 이 불편함은 당신을 밀어내려는 것이 아니다! 당신이 더 유능하고, 더 나은 것을 얻을 자격이 있으며 지금보다 더 훌륭할 수 있음을 보여주려 할 뿐이다. 거의 모든 경우 불편함은 당신에게 더 많은 것이 가능하다는 것을 알려주고 그 방향으로 갈 수 있도록 밀어준다.

아마도 당신의 더 높은 자아는 불편함을 진정시키려 하지 말고 귀를 기울이며 학습하라고, 인생 경로를 바꾸라고 속삭일 것이다. 현재의 당신과 최종적 목표를 대비하면서 더 좋고 충만한 삶으로 가게 해주는 피드백 메커니즘으로 인생을 파악한다면 어느 날 갑자기 깨달을 것이다. 당신의 앞길을 가로막는 것은 세상이 아니라 당신의 마음이라는 사실을 말이다.

주도적으로 인생을 즐기려면

＊

삶의 목적은 인생을 즐기는 것이라고 생각하는 이들이 많다. 하지만 실제로는 생존하기 위해 치열하게 살면서 인생을 경험하기에도 바쁘다. 원인은 비현실적 기대부터 지나친 노력에 이르기까지 다양하다. 결국은 당신이 무엇을 자신에게 허용하는가의 문제다.

생존을 위해 발버둥질할 때 가장 모욕적이고 힘든 말이 "그냥 좀 쉬어." 또는 "자신을 즐겨봐."이다. 생존 모드일 때 제일 생각하기 어려운 일이 편안하게 앉아 한가롭게 시간을 보내는 것이다. 인생을 즐기는 방법에서 배워야 할 중요한 사항이 이것이다. 트라우마와 고통에 빠진 상태일 때는 행복해지려고 시도할 수 없다. 일단 중립 상태로 물러서야만 한다.

투쟁하면서 동시에 즐기려고 하다가는 감정의 극단화가 한층 심해진다. '나쁜' 느낌을 놓아둔 채 다른 느낌을 시도하기 때문이다. 감정적 투쟁을 벌이는 많은 사람에게 인생을 즐기려는 욕망이 오히려 더 크다는 점은 역설적이다.

1. 행복해지려는 시도를 중단하라

행복은 추구할 대상이 아니라 수용해야 할 대상이다. 뜻밖의 말인가? 긍정심리학부터 동기부여 웹사이트에 이르기까지 세상에서 말하는 것과는 사뭇 다른 이야기일지도 모르겠다. 하지만 행복은 도달해야 할 대상이 아니다.

행복은 자연스러운 상태다. 경험하고 싶은 감정들이 나타나서 저항 없이 처리되도록 허용할 때 행복으로 돌아갈 수 있다. 불행에 덜 저항할수록 더 행복해질 것이다.

2. 현재에 도착하라

불안하다면 마음이 미래에 있기 때문이며, 우울하다면 마음이 과거에 있기 때문이라는 말이 있다. 지금 이 순간에 산다면 과거와 미래는 '현재'의 영원한 물결에 비치는 그림자에 불과하다. 과거와 미래의 허상을 좇느라 현재의 신체 안에 살기를 거부할 것인가?

행복을 발견할 유일한 장소는 현재다. 현재만이 진정으로 존

✦
과거와 미래는
현재의 영원한 물결에 비치는 그림자다

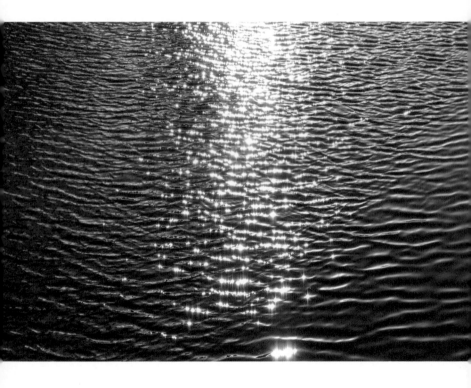

재하는 곳이어서 그렇다. 미래에 어떻게 되어야 할지에 집중해 행복을 찾다가는 현재에서 분리되기 쉽다. 하루씩 삶에 집중하고 당장 눈앞의 것에 최선을 다하면서 오늘에 도착하는 법을 연습하라. 순간을 위해 사는 것과 미래의 자신을 보살피는 것 사이에서 정교하게 균형을 잘 맞추도록 하라.

3. 지배하려는 시도를 중단하라

행복 전문가 마이크 비킹Meik Wiking은 조국인 덴마크의 높은 행복 지수에 기여했다고 평가받는 인물이다. '휘게 라이프'Hygge Life에 관한 책에서 그는 다른 사람과 연결된다는 것은 그저 함께 시간을 보내는 게 아니라 지배하고 영향을 주고 감정적 반응을 끌어내려는 시도가 없는 것이라고 설명한다.[23] 자신을 증명하려고 애쓰지 말아야 더 큰 행복을 얻는다는 의미다.

관계에서 지배적인 위치를 차지하려는 사람은 가설을 두고 논쟁하는 사람, 명절이나 기념일에 극적인 갈등을 만들어내는 사람, 가장 사랑하고 아껴주어야 할 상대가 최악의 대접을 받도록 하는 사람이다. 더 큰 행복을 찾으려면 자신을 주변 사람들과 동등하게 바라봐야 한다. 모두에게서 늘 배우려는 자세를 갖춘다면 자신이 낮은 위치일까 봐 두려워하지 않을 것이며 관계에서 지배적인 위치를 선점하려고 하지 않을 것이다.

4. 작은 즐거움을 찾아내고 누려라

흔히 삶을 '즐긴다'라고 하면 뭔가 큰 성공이나 보상이 있었을 것이라고 생각하기 쉽다. 휴가를 떠나거나 거액의 보너스를 받았을 때만 행복하다고 말이다. 하지만 이런 건 행복과 정반대에 있는 조건일 뿐이다. 진정한 행복은 삶의 작은 즐거움을 잡아내는 것이다. 여름날 아침의 일출, 커피 한 잔, 흥미진진한 책 한 권 등. 중대한 일이 일어날 때뿐 아니라 매일 찾을 수 있는 작은 만족감에도 감사와 행복이 존재한다.

많은 사람이 행복을 과대평가한다. 삶이 완벽해져야 진짜 즐거움이 가능하다고 여긴다. 하지만 그렇지 않다. 진짜 즐거움은 당신이 있는 곳, 당신의 현재 상태에서 행복을 찾는 것이다.

5. 긍정적인 관계를 발전시켜라

내향적이든 외향적이든 상관없이 인간관계의 질은 인생 경험의 질을 결정한다. 이를 뒷받침하는 연구는 무수히 많다. 그에 따르면 우리는 함께 시간을 보내는 이들과 비슷해지고 행복은 인간관계의 양이 아니라 질과 관련되며 외로움은 흡연만큼이나 건

강을 위협한다고 한다.[24]

하지만 많은 사람이 이 연구 결과를 모두를 친구로 사귀어야 한다고, 마음이 맞지 않는다고 해도 혈연 가족과는 가까이 지내야 한다고 해석한다. 완전히 엇나간 해석이다. 행복은 원치 않는 인간관계를 강제로 유지한다고 오지 않는다. 진심으로 좋아하는 사람, 당신의 삶에 가치를 더해주는 사람과 관계를 형성하고 유지해야 행복이 찾아온다. 가까이 지내는 사람과 만날 때는 잠시 멈춰 상대와 건강한 관계가 유지되고 있는지 확인하라.

6. 기회가 될 때마다 새로운 것을 배워라

알아야 할 걸 이미 다 안다는 식으로 삶에 접근한다면 새롭고 더 멋진 경험에 문을 닫아버리는 것이다. 새로운 무언가를 시도하면서 어차피 결과는 뻔하다고 생각한다면, 가본 적 없는 곳이 어떤 모습일지 훤하다고 여긴다면 새로운 발견의 공간을 마련해야 할 때다.

삶을 늘 배워야 하는 대상으로 생각하라. 고통은 무엇이 좋게 느껴지지 않는지, 어떤 일을 계속해서는 안 되는지 가르쳐준다. 반대로 즐거움은 무엇이 제대로 되고 있는지 가르쳐준다. 모든 것이 당신의 스승이다. 삶의 경험에서 배우고 변화할수록 당신은 더 나은 모습이 될 것이다.

7. 어려운 시기를 변화의 기회로 여겨라

행복한 사람이라고 해서 늘 즐겁지는 않다. 아주 중요한 사실이다. 정말로 행복한 사람은 경험하는 모든 것에 황홀해하기보다는 평온함을 유지한다. 행복한 사람은 가르침을 수용하고 변화하기 때문이다. 행복한 사람은 자기 방식에 갇히지 않는다. 인생은 성장하는 것이며 성장이 정체되면 불편함이 커진다는 것을 이해하기 때문이다.

삶은 본래 끊임없이 움직이고 진화한다. 여기에 보조를 맞추지 않으면 머무르는 곳이 점점 더 불편해지면서 변화를 강요받을 것이다. 모든 고통을 피할 수는 없지만 내적 성장에 집중함으로써 많은 괴로움을 피해 갈 수 있다.

8. 에너지를 어디에 쏟고 있는지 살펴라

지금 하는 일이 마음에 들지 않거나 딱 질색인 인간관계를 유지하면서 자신의 인생이 엉망이라고 느끼는 이들이 많다. 하지만 이들은 에너지를 쏟아 삶의 질을 높일 수 있는 것들이 세상에 얼마나 많은지 미처 깨닫지 못한다.

지루한 업무나 인간관계는 문제가 아니라 증상이다. 증상의 뿌리에는 멋대로 방치된 마음이 있다. 특정 생각에 에너지를 부여하면 그 생각이 생명력을 얻는다. 승리하는 늑대는 당신이 먹이를 준 늑대라는 말도 있지 않은가. 삶의 질도 마찬가지다. 자신에게 어떤 생각을 허용할 것인지 주의를 기울여야 한다. 허용된 생각은 곧 당신의 느낌이 되고 믿음이 되고 행동 방식이 되어 삶의 모습을 결정한다.

9. 일하지 않을 시간을 계획하라

행복은 수동적인 존재이면서 능동적으로 추구하는 것이다. 매일 충족감을 느끼는 것은 우연히 일어나는 일이 아니라 온전히 의식적인 선택이지만 역설적이게도 진실로 좋은 느낌은 억지로 만들 수 없으며 허용해야 하는 대상이다.

행복은 1분 1초까지 짜내 최대한 일정을 채우는 상황을 거부하는 것이다. 매일의 평범한 순간을 누릴 시간을 확보하는 것이다. 느긋하게 앉아 책을 읽고 사랑하는 사람과 저녁 식탁에서 이야기를 나누고 매일 사소한 일을 즐기는 것이다. 이런 시간은 저절로 확보되지 않는다. 계획을 세워야 한다.

10. 놀 시간을 마련하라

아이일 때 우리는 상상하거나 놀기만 했다. 삶은 도화지였고 우리는 무엇이든 상상할 수 있었으며 그렇게 놀면서 하루를 보낼 수 있다는 걸 알았다. 어른도 사실 똑같은데 몇십 년의 세월이 흐르면서 세상이 당신에게서 마법을 빼앗아갔다. 진정으로 삶을 즐기고 싶다면 어릴 때 좋아하던 일을 할 시간을 마련해야 한다. 그림 그리기, 모래 장난하기, 재미난 놀이 등.

너무 유치하다고 여겨질수록 좋은 일이다. 당신의 내면 아이와 타협할 준비가 되었다는 뜻이기 때문이다. 삶을 즐긴다는 건 가장 단순하고 가장 변화무쌍한 방식으로 산다는 것이다. 있는 그대로의 당신 모습을 드러내는 것도 그 방법이다.

나를 지켜낼 힘은 이미 내 안에 있다!

인생의 마지막에 다다랐을 때 당신은 당신의 산이 무엇이었는지 비로소 보게 될 것이다. 산은 다름 아닌 '선물'이었을 것이다. 그때 지나온 삶을 돌이켜보며 고난을 기억하진 않을 것이다. 고난은 그저 전환점, 성장의 기회, 모든 것이 변화하기 직전의 각성으로 보일 것이다.

자신의 주인이 되려면 우선 자신의 삶에 대해 적극적이고 온전하게 책임을 져야 한다. 당신의 통제 범위 밖에 있는 것까지 포함해서 말이다. 진정한 주인은 앞으로 무슨 일이 일어날지는 몰라도 어떻게 대응해야 할지는 알고 있다. 그리고 이것이 결과를 좌우한다.

모두가 그곳에 도달하지는 못한다. 대부분 사람은 자신이 삶

✦
인생은 스스로 파도를 일으키는 것
그리고 그 파도를 타는 법을 배우는 것

의 파도를 일으키고 있다는 것도, 그 파도 타는 법을 배우는 건 자신의 책임이라는 것도 알지 못한다. 자신의 생각과 느낌이 만들어낸 안개 속에서 길을 잃어버린 채, 자신에게 헤쳐나갈 능력이 있다는 것도 모르는 채 세월을 보낸다.

내 삶의 주인이 된다는 것은 눈앞의 산을 넘기 위한 바로 그 자질이 자기 안에 있음을 깨닫는 것이다. 산을 넘는 것은 우리 삶의 궁극적 소명이다. 우리는 그럴 능력이 있을 뿐 아니라 그렇게 운명이 정해져 있다.

내 삶의 주인이 된다는 것은 지금껏 견뎌온 불편한 세월이 그저 통과해야만 하는 연옥이 아니었음을 마침내 이해하는 것이다. 가장 깊숙한 내면의 자아는 당신이 더 많은 것을 할 수 있고 더 좋은 것을 받을 자격이 있으며 꿈꾸던 바로 그 모습으로 변신할 운명임을 알려준다.

당신은 권리를 주장하고 창조해야 한다. 당신의 치유 과정은 다른 사람에게도 영향을 미칠 것이다. 세상을 바꾸고 싶다면 우리 자신부터 바꿔야 한다. 삶을 바꾸고 싶다면 자기 자신을 바꿔야 한다. 눈앞의 거대한 산을 넘어서고 싶다면 접근하는 방식부터 바꿔야 한다.

모든 것의 정상에 다다르면 당신은 그제야 뒤를 돌아볼 것이며 걸어왔던 걸음 하나하나가 가치 있었음을 알 것이다. 무엇보다도 당신이 길을 떠나도록 만든 그 고통에 크게 감사할 것이다. 고통은 상처를 주는 것만큼이나 무엇이 잘못되었는지를 보여주었다. 당신이 펼치지 못한 잠재력, 안 맞는 사람과 어울려 안 맞는 일을 하면서 개운치 않은 느낌으로 보낸 삶 등을 말이다.

당신의 삶은 이제 시작되었다. 당신의 코앞에 우뚝 선 그 산은 시간이 지나면 가물가물 잘 보이지도 않는 먼 뒤쪽으로 멀어져 있을 것이다. 하지만 그 산을 오르는 법을 배운 당신은 계속 살아갈 것이다. 이것이 당신의 산이 지닌 의미다.

주

1 Halifax, Joan. *Standing at the Edge: Finding Freedom Where Fear & Courage Meet*. New York: Flatiron Books, 2018.

2 스티븐 호킹, 《시간의 역사》, 전대호 옮김, 까치, 2006.

3 Lachman, Gary. *Jung the Mystic: The Esoteric Dimensions of Carl Jung's Life and Teachings*. New York: Penguin Random House, 2010.

4 Hendricks, Gay. *The Big Leap: Conquer Your Hidden Fear and Take Life to the Next Level*. New York: HarperOne, 2009.

5 Swan, Teal. "Find Your Subconscious Core Commitment," teal-swan.com.

6 Seymour, Tom. "Vagus Nerve: Function, Stimulation, And Further Research." *Medical News Today*, 2017.

7 대니얼 Z. 리버먼·마이클 E. 롱, 《도파민형 인간》, 최가영 옮김, 쌤앤파커스, 2019.

8 Tracy, Brian. "The Role Your Subconscious Mind Plays In Your Everyday Life," briantracy.com, 2019.

9 Holiday, Ryan. "Sorry, An Epiphany Isn't What's Going To Change

Your Life." ryanholiday.net, 2016.

10 Sims, Stacy T., Ph.D. "The 3 Body Types: Explained." *Runner's World*, 2016. https://www.runnersworld.com/health-injuries/a20818211/the-3-body-types-explained.

11 Taylor, Christa. "Creativity and Mood Disorder: A Systematic Review and Meta-Analysis." *Perspectives on Psychological Science*, 2017.

12 Cole, Adam. "Does Your Body Really Refresh Itself Every 7 Years?" NPR, 2016. https://www.npr.org/sections/health-shots/2016/06/28/483732115/how-old-is-your-body-really.

13 Bremner, J. Douglas, MD. *Traumatic Stress: Effects On The Brain*. US National Library of Medicine National Institutes of Health, 2006.

14 Burton, Neel, MD. "Our Hierarchy of Needs." *Psychology Today*, 2012. https://www.psychologytoday.com/us/blog/hide-and-seek/201205/our-hierarchy-needs.

15 Jacobson, Sheri. "Inner Child Work: What Is It, And How Can You Benefit?" Harley Therapy, 2017. https://www.harleytherapy.co.uk/counselling/inner-child-work-can-benefit.htm.

16 Henriques, Martha. "Can the legacy of trauma be passed down the generations?" BBC, 2019. https://www.bbc.com/future/article/20190326-what-is-epigenetics.

17 스티븐 코비, 《성공하는 사람들의 7가지 습관》, 김경섭 옮김, 김영사, 2017.

18 Hardy, Benjamin, Ph.D. "You Don't Control The Outcomes Of Your Life, Principles Do." LinkedIn, 2017. https://www.linkedin.com/pulse/you-dont-control-outcomes-your-life-principles-do-benjamin-hardy-3.

19 같은 자료.

20 Lopez, Donald S. "Eightfold Path: Buddhism." *Britannica*, undated. https://www.britannica.com/topic/Eightfold-Path.

21 Diamond, Stephen, Ph.D. "Essential Secrets of Psychotherapy: The Inner Child." *Psychology Today*, 2008. https://www.psychologytoday.com/us/blog/evil-deeds/200806/essential-secrets-psychotherapy-the-inner-child.

22 Brenner, Gail, Ph.D. "The Warrior's Way to Inner Peace: What Is Inner Peace?" gailbrenner.com. https://gailbrenner.com/2009/11/the-warriors-way-1-inner-peace/.

23 마이크 비킹, 《휘게 라이프(Hygge Life), 편안하게 함께 따뜻하게》, 정여진 옮김, 위즈덤하우스, 2016.

24 Pomeroy, Claire. "Loneliness Is Harmful to Our Nation's Health." Scientific American, 2019. https://blogs.scientificamerican.com/observations/loneliness-is-harmful-to-our-nations-health/.

the mountain is you